但願上帝使用這些鄙陋的文字，
刺激對信仰與生命真誠而執著的人，
更熱切地尋索真理、
更癲狂地愛上帝，
更委身於受託的使命中，
也更對身旁的人羣有悲憫與擔。
因為我們都活在一個火紅的大時代裏。

——梁家麟

另一種信仰？

梁家麟書系

信念再思叢書

基道出版社

▼

信念再思叢書 · 梁家麟書系

另一種信仰？

The Other Faith

作者
梁家麟 Leung, Ka-lun

責任編輯
譚偉光

裝幀設計
吳國權、慕容愛明、莫可雅

■

出版 / 發行
基道出版社
香港沙田火炭坳背灣街 26 號富騰工業中心 10 樓 1011 室
LOGOS PUBLISHERS
Unit 1011, 10/F, Fo Tan Ind. Centre, 26 Au Pui Wan St., Shatin, Hong Kong
電話：(852) 2687-0331 傳真：(852) 2687-0281
網址：https://www.logos.com.hk

承印
雅聯印刷有限公司

●

1/1992 初版 3/1993 二版 10/1994 三版 5/1997 四版
Cat. No. LP310-4C
ISBN-10: 962-457-011-6
ISBN-13: 978-962-457-011-3

Printed in Hong Kong

刷次	14	13	12	11	10	9	8	7	6	5
年份	2034	2033	2032	2031	2030	2029	2028	2027	2026	2025

目錄

寫在系列前面

就憑空問我要寫甚麼？有甚麼該寫而又非寫不可？我說不上來。但每次安坐在凌亂至無一寸淨土的書桌前，心靈便有安頓踏實的感覺。我喜歡用筆在捧讀的書本上畫線打圈，在廢紙背面塗鴉整理思緒，也用文字表達自己的思想感情。心隨筆至，適意自在。上帝大概是公平的，祂給我一張結巴巴的嘴，說話繞圈半天仍不著邊際，但又供應我一枝尚可抒情寫意的原子筆。

我愛讀書與寫字。一天倘若花上全部時間在教學及行政之上，那怕做的是再轟然的事，也教我有不務正業、不學無術的失落感。前人說一日不讀書便面目可憎，我深切共鳴之。故此，不明白的人會奇怪我如何在一切正務庶務聖事俗事之上，尚有餘力讀書寫字，是否眞箇刻苦自勵、好學不倦。知我者便了解：我只是在書桌前才尋回自己，而我正在努力尋回自己吧。

我非常慶幸活在一個不乏思想沖激、也不乏話題的時代裏，更慶幸自己關注的東西在同時代的人中間找到共通的對話處。我喜歡在自說自話之餘假裝與「某些人」對話，喜歡你們就是「某些人」。是你們的存在及回應，教我肯定所做的微不足道的小技細作，仍算參與在這個時代中，仍算償報上帝的恩情。

早在一九九一年《另一種信仰？》出版前，便與基道文字事工談過有關出版獨立系列的構想。但那時仍未能承諾每年出版兩本書，也未知市場對這個構想的接受程度，故決定暫緩一陣，待時機成熟才予落實。及至《憑誰意行？》出版後，得到相當不錯的反應，才敢將這個系列獻呈出來。

這個系列是給我做思想整理的小園子。我認定任何神學研究均是爲教會服務的。是教會賦予神學研究的資格，決定甚麼是該研究的話題，限制研究的幅度與向度，並且也最終審定一切研究成果是否合法、是否被認受。我希望自己的思想整理亦遵循以上的限定，即在教會裏、爲教會服務，也接受教會審定。我會將自己的思考及參照的理論用較淺白的文字闡述出來，除去被大堆神學詞彙及冗贅的陳述模式層層裹住的神祕外衣，使原來並不複雜的神學思想能夠爲一般信徒所理解及欣賞，並且兌現在教會生活上。爲此，每本書都各自爲獨立單元，並盡可能在十萬字以下。它們之間未必有鮮明的關聯，但總有其內在的承上啓下的脈絡與線索。畢竟你不能期望我每年都來一個大變身。

在此我要多謝基道文字事工蔡桂球先生、張小鳴先生及一衆編美同工在各方面的配合，沒有他們在明處暗處的承擔，這個小園地就無法營建出來。建道神學院提供給我讀書寫字的空間，許多至愛友人的提點激勵，也是我心深銘謝的。

一九九三年二月二十二日

小序

沒有甚麼非在序言交代不可，畢竟這只不過是一本六萬字還不到的小書。

本書的緣起是在八八年，當我從加拿大放暑假回港探親前，學院的校外部主任黃碩然老師要求我開一個短期科目，好盡上一點休假同工的責任；那時還未想到應該教甚麼，不過由於在彼邦念書，對信仰有較多的反省和整理，也累積了若干想法，於是便脫口而出地說：就教「信仰入門」吧。那時的構想只是找機會把一些個人性的反省就着皈依、認信等基本的信仰課題，來作較為系統化的處理；別人從中得着甚麼益處就很難說，起碼對自己便有盤點存貨的作用。結果課上完了，學生散去，我也重返校園念書；甚至由於數度遷徙，連這一科的筆記都遺佚了。

直至今年年初，有一位在校的同學偶然跟

我談起，說她對我的初度認識便是在這一科的課堂上（當時她仍未獻身基督教），並且課堂的講論對她也有若干的啓發和幫助；數月後，教會的一位弟兄又向我提及他與某些朋友都聽過福音傳播中心爲這科錄製的聲帶，並建議我用文字把它書錄下來。不久，巧合的是，接連有兩家出版社找我，同時爲這個題目約稿，這樣便勾起了自己的好奇心，要聽聽這個數年前教過、忘記得七七八八的科目說的是甚麼；幾經艱苦弄來了一套錄音帶，細聽之下發覺事過境遷，許多昔日的觀點已有了發展或轉變；於是乎放棄錄抄，立定決心重頭寫過，結果便寫成這本小書。探討範圍雖然相同，但在內容上，本書卻與八八年的那個課程有相當大的出入，連要處理的分題也更易了。

作爲一本個人性的信仰反省的筆記，本書的觀點大都取材自私人的讀書札記、曾發表過或在講壇傳講過的講章，以及在神學院的不同場景下與同學的談話內容。許多書籍和許多人的提醒啓發對我的信仰成長歷程曾有重要作用的，讀者在字裏行間當可以發現他們的影子；當然筆者要對全書的內容及錯謬處負全責，但他們在過去之願意向一位卑微小子伸出援手，卻是我至終銘感於懷的。

也許書中的部分觀點會正面地挑戰了某些

人所持守的看法，引起他們的不快，甚至令他們感到被冒犯也說不定；但挑起任何神學爭論都不是寫作的原意，反倒忠實地敍述個人的信仰立場，誘發更多思想的交流對話，才是筆者的期望。但願上帝使用這些鄙陋的文字，刺激對信仰與生命眞誠而執着的人，更熱切地尋索眞理、更癲狂地愛上帝、更委身於受託的使命中，也更對身旁的人羣有悲憫與承擔。因爲我們都活在一個火紅的大時代裏。

建道神學院

一九九一年九月二十日

第一章

皈依——信仰的開端

信仰的起點在皈依基督的一刻，也就是我們說舉手決志的時間；要是我們不把重生看成是信仰的第二經驗，或是甚麼特殊的、超凡的經驗的話，則打從決志的當下開始，我們便已經是徹頭徹尾的基督徒了。基督徒可以有眞有假，屬靈深度也各有差別，但總不會有「部分信徒」的情況；要麼我們便是基督徒，要麼便不是，中間不會有任何過渡性的階段。從非基督徒到基督徒，整個質變的過程只在一瞬間；而促成這個質變的除了上帝的恩典外，便是我們的首肯：「我信。」

信仰的抉擇

每個人信主的歷程都不一樣，有些人可以是非常順利，初聞福音便隨即接受；有些人卻要在信仰門外徘徊多時，幾經掙扎考慮才踏步進去；也有些人是在基督教家庭長大，自小就被人分類爲基督教徒，自己也理所當然地覺得如是，直至某一刻突然切身地經歷到信仰的眞實性，與自己的生命發生了實存性的關聯，於是乎重新認定自己是眞正的基督徒。不管箇中有幾許的波折，可以確定的是，信仰的起點仍在個人皈依的一刻裏。

這個近乎常識的肯定有甚麼意思？它告訴我們，信仰儘管有其豐富的羣體性含義：基督教是一個經歷二千年的世界性信仰，信主後必須加入教會的信徒羣體中，信仰要求的不是獨善其身，而是對別人的見證和服侍……，但它最根本的核心仍是個人性的決定。沒有人可以容讓別人代爲選擇，或越俎代庖地爲人作出接受或拒絕福音的回應，也不能因父母配偶等是基督徒，甚至活在基督教國家裏，便自動轉帳成爲信徒。信仰是你與我必須親自作的抉擇。它告訴我們，信仰是一個抉擇，在我們聽聞福音，得知上帝的代贖犧牲後，必須在接受或拒絕中二擇其一，沒有第三種可能性；不是順服基督便是敵擋基督，沒有人可以做騎牆派。但更重要的是，這個確定也告訴我們，信仰意味着個人要將自己委身於一個充滿未知之數的對象裏。這是信仰的眞面目。

也許在未信主以前，我們已接觸基督教多

年，穩定地出席教會聚會，與弟兄姊妹往來甚歡，閱讀聖經及屬靈書籍，儼然是個標準信徒的模樣；或者再誇張地說，我們在大學的宗教系裏專攻基督教研究，擁有廣博的宗教知識；但是，這些資格加起來都不足以使我們成爲基督徒，信仰並不是這回事。當中信與不信的分別處在甚麼地方？當然不是在於有沒有基本的宗教知識；甚至也不在於是否對信仰只有理性的研究，而無感情的投入。感情投入無疑是信仰的要素，卻不是判別眞僞的標準。聽宗教音樂、讀宗教書籍、參與宗教聚會（特別是禮儀性和圖像性豐富的），都能使人感情投入；一個即使不同意修道主義制度的人，走進位處於深山曠野裏的修道院，都會有莊嚴肅穆的神聖感覺；不信主的人在欣賞韓德爾的《彌賽亞》時，也可以被感染到敬虔的氛圍。但是，這些短暫的感情投入並不一定促使人作甚麼委身的決定。眞正構成信與不信的分野是：信仰是委身，且是讓自己委身進一個充滿未知之數的對象裏。

爲甚麼要强調「未知之數」呢？因爲，這是哲學與宗教（或曰宗教與信仰）的分別所在。一個人可以對某個宗教的教義、神學、禮儀傳統有深入的研究，甚至部分或全然地對該宗教的道理感到心儀佩服，卻不等於便是該宗教的信徒。就好像我雖然對佛教的教義有若干的了解，對其教理的博大精微，對宇宙人生的洞察與悲憫深感敬佩，但卻仍然沒有成爲佛教徒一樣。我與一個佛教徒最大的差異是，我只是在佛教「已知」的範圍內繞圈，對那些「已知」的教義、禮儀（即前人的宗教知識和經驗）作研究或欣賞，卻沒有把自己委身進去，使該宗教與自己的生命結合，探索佛教尚未可知、不可言傳的部分，創造新的、屬乎自己的新知識和新經驗。而信仰之爲信仰、信仰與宗教哲學的不同處，主要不是在確定的、已知的東西，而是在那不可知、不可說的部分；信仰作爲一個動詞，也主要不是對已知的東西作靜態的欣賞或理解，卻是動態的探索，尋覓屬乎自己的知識和經驗。「不知」的比「已知」的更重要。

這個說法，是否把信仰蒙上太多的神祕主義色彩呢？答案是旣是亦否，端在於我們如何理解神祕主義一詞。神祕主義在更正教，特別是重現教義純正性的福音派信徒看來，往往已變成異端或新派思想的同義詞。它要不是等同於靈恩派或新紀元運動 (New Age Movement) 的追求詭異離奇的屬靈經驗，漠視信仰的客觀性與準確性；就是如十九世紀自由主義神學之父的士來馬赫 (Friedrich D. E. Schleiermacher, 1768～1834) 般把基督信仰主觀化，强調主觀個人的經驗，不重視客觀集體的知識。所以他們理解的神祕主義，就是那些把信仰弄得抽象複雜、虛幻難測、神祕高深的做法，它們除了會誤導信徒走進偏差的危險境地去外，也會把基督教的眞確性與合理性徹底摧毀，從而搖撼了信仰的根基。這裏我們很難詳細地爲這樣子對神祕主義的看法，作一持平公允的疏解與辨正，因爲它牽涉了源遠流長的歷史因素，如宗教改革對天主教傳統的背逆，更正教經院神學的建立與理性主義的關係等，並且對神祕主義的批評也不是全無事實根據的。不過總的來說，過猶不及，糾枉毋須過正，以上對神祕主義的成見，以及要把信仰的神祕因素排除淨盡的做法，無論如何都是一個偏差。

要特別指出的是，反神祕主義的態度，本身便標示着福音派教會一個普遍的信仰傾向：將信仰還原、簡化爲一套又一套的教條理論，並且爲這些教條理論組合搭建成一個嚴密的理論體系。我們以爲只要建構出這個理論體系，便可以充分地將上帝與眞理牢固掌握；信仰上帝便是對這套理論體系表示首肯認同，信仰的進深也即等於嫻熟地習演此理論。所以，做基督徒的歷程便是由慕道班開始，經初信班以至無了期的主日學、研習班、延伸課程來學習掌握這套理論體系；我們靈程的深淺和成熟程度，也取決於晉升至哪個學習階段，及學習所換取回來的結果：重要的金句是否牢記、回答別人對信仰的質詢非難的能力如何，以至能否爲宇宙人生的各種現象作綜合性的解說。我要說，這個傾向不僅是對信仰的不平衡看法，它本身就是反信仰，甚至是反上帝的。它要不是教我們狂妄地自以爲已掌握一切眞理和救恩（仿似十九世紀以前的天主教會所聲稱的），建造新的巴別塔；就是重蹈十八世紀自然神論 (Deism) 的想法，把上帝排除出信仰之外；上帝僅是在構成信仰時有其作爲，卻在信仰建立後自行隱退，再也不需要祂的存在。

對未知的說「是」

讓我重複前面所說的，信仰之爲信仰，或者說信仰與宗教研究的不同處，乃在於信仰所要求的，不僅是對已知的部分表態，而是對未知的部分說「是」。這才是信仰的本質。

要闡明這個道理其實很簡單，且讓我們回想一下自己從前是如何決志的。對絕大多數人而言，接受基督教並非要等到他們對基督信仰充分了解，或是有相當經歷之後才作的決定。甚至說得坦白一點，在很大的程度上，我們都是在混沌模糊的狀態下舉手決志的。不是嗎？我不知道有多少基督徒，還記得他決志的那個佈道會內牧師講了甚麼東西（抱歉我自己便早已忘記了），爲甚麼短短一個半個小時的講論便促使我作了影響如斯重大的決定；當中到底有多少理性分析或宗教比較，好證明上帝存在、基督教的上帝是唯一的上帝，及處理了昔日一直困擾我們的信仰疑難？那一天我主要是認同他所作的論證說辯，還是認同他的表達方式、談吐詞鋒，甚或是笑話呢？進一步我們可以問，我是認同講者對我的處境、際遇和病症的診斷，還是認同他所開出的基督教藥方？當講者亟亟指出人生是空虛無意義時，恰好正值我遭逢人生變故，擁有同樣的洞悉體會，自然就非常有共鳴了。但是，我眞的知道耶穌基督是解決人生空虛的出路嗎？當然不，我都沒有試過！那麼，我到底是對耶穌基督是解決人生空虛的出路這個答案決志，抑或是對人生是空虛這個診斷決志？我敢相信，差不多所有人都只是對診斷表示認同，而對福音的藥方，我們盡可能便是相信別人的見證，然後自行博一博，嘗試看看，到底情況是否如講者所說般有效。就好像一位同工介紹服用蛤蚧大補茶，說對安神定經很有功效，於是乎我便博一博，試一試。

巴斯噶 (Blaise Pascal, 1623 ~ 1662) 是一位十七世紀著名的數學家與哲學家，在他的名著

《沈思錄》(*Les Pensées*)的第三篇裏，曾提出一個「賭徒論證」(The Wager Argument for God)。在未曾介紹這個有趣的論證前，先交代一下全書的主要觀點，因爲它們是彼此息息相關的。巴斯噶首先反對從中古到十七世紀有關上帝存在的證明；也指出上帝之存在是無法爲人的理性所證明的，一方面這些論證在學理上不會成功，全能的上帝不可能被硬塞入人狹小的理性框框去；另方面，聖經的作者也沒有企圖證明上帝存在，我們怎能以爲自己可以比聖經作者更聰明呢？他進一步指出，任何認爲自己全然掌握上帝、全然了解宗教的人，必然會迷失在他們自創的宗教裏。巴斯噶非常强調上帝的隱蔽性（*Deus absconditus*〔語出賽四十五15：「救主以色列的上帝啊，祢實在是自隱的上帝。」〕）。在這樣的背景下，他提出「賭徒論證」：人既然竭盡所能也無法確知上帝的存在或不存在，則他只能在存在或不存在的兩者中任意地押注，二擇其一；而賭上帝存在的人要比賭上帝不存在的人聰明。因爲賭上帝存在的，若祂事實上不存在，至終都沒有損失；但若最後發現上帝存在，便會因相信祂而得到永生的賞賜，大賺特賺，一本萬利了。所以，應該賭上帝存在，這是通吃不賠的。巴斯噶認爲，「賭徒論證」可以在他所處的理性主義時代爲信仰重新建立可資辯護的基礎。

也許你會覺得這樣的說法太過市儈功利，大逆不道，視信仰爲兒戲，與基督教通常給人的清高飄逸的感覺全不相稱。我也不完全同意巴斯噶的說法。但是，我所不同意的，並不是他認爲信仰是賭博，這點我倒是在相當程度上附和的；我不贊同的只是他認爲信仰是有賺無賠的生意而已。如同保羅所說的：「我們若靠基督，只在今生有指望，就算比衆人更可憐。」（林前十五19）若上帝不存在，基督徒不僅只失落了一個虛構的永生盼望，連今世的福樂也全賠上了；爲甚麼我們不能像其他人一樣吃吃喝喝，「因爲明天要死了」呢？事實上，我們這羣「末世」的信徒，正是以對末世的確信、來生的盼望來調校今天的生活方式，一切得失榮辱、是非對錯、價值理想、生活目標，盡皆因應而轉變。並且，我們又爲了信仰的緣故，拒絕遵從這個世界的遊戲規則，因此被世界排擠恨惡，受許多的磨難。怎麼說信仰上帝沒有招來損失呢？

信仰與賭博仔細地分析起來，分別眞的不太大（起碼沒有我們想像般大）。也許你會抗辯說：信仰是有理性根據的，而賭博則是完全任意、單靠運氣的遊戲，兩者怎麼相同呢？這個抗辯，一方面是過分誇大了信仰的理性根據，另方面也輕看了賭徒的邏輯辯證。對賭徒們而言，賭博絕不是全無根據地亂押一通，卻是有內在的思辯規律的；所以，馬迷在研究馬經時的專心致意、廢寢忘餐的程度，與從事科學研究的不遑多讓；而在市面上，我們也看到洋洋灑灑數十萬言的賽馬學報和研究專著。就是一般小老百姓，當站在百家樂的賭桌前，也會恭謹仔細地記錄開局的走勢與氣運。當然我們都同意這些所謂理性分析大都是穿鑿附會、難以置信的，畢竟賭博便是賭博，碰巧成分仍是壓倒性的。不過對於信仰，我們可以把握、可以保險的又有多少？我們果真能在哲學上確證到上帝的存在（並且這個哲學上的終極原則就是有位格的上帝），在史學上驗明耶穌基督的身分與使命（不僅這個人真的在歷史中出現過，連祂的復活與神性也考據為真實無訛）；再進一步通過各樣文法與歷史批判的測試後，而總結說聖經果然是毫無謬誤的上帝啓示？返回個人的層面說，我們有多少人是經過了上述嚴格的理性考察及宗教比較之後，才選擇以基督教作為終身信仰的？當然我們或多或少都曾做過某些理性的分析和考慮，但若與這個決定的嚴重性（「若有人要跟從我，就當捨己……」）相比，我們的理性考慮是否太輕率簡陋了些？對絕大多數的凡夫俗子（包括筆者在內）而言，信仰確實是一個賭博；並且由於它要求我們把自己及擁有的一切都押注上去，故此是一場奢侈的豪賭。信仰與賭博最大的相似處是：我們有一點理性根據，也聽過別人的見證（貼士），然後便把自己賭上去。把握着一點點已知的，便委身於更大的未可知中，這是信仰，這便是皈依的含義。

冒險的信仰

每個人在皈依的當下，都是很難清楚地縷述作此決定的充分理由何在的。我們並非對已知的表示認同，而是對未知的說「是」；我們不是接納一套哲學系統，卻是接納講員及其他見證者的邀請，親身去嘗試信仰的眞實性。這個嘗試帶有相當的冒險成分；而信仰本來就是冒險性的 (faith is a venture)。

當然皈依還有另一個更重要的層面：與上帝相遇（這是我們在下一章才詳細講論的課題）。宗教改革家非常强調上帝在人接受信仰的過程中的主動角色。信主並非人對某些教條表示贊同，也不是人對上帝的發現與接納，因爲受造物的人類根本無法逕自尋覓到並認出上帝來（彼得之認出耶穌是基督，完全是出於天父的指示，太十六17）；人所能找到的，沒有別的，只是偶像。因此，先是上帝尋找人，向人啓示祂自己，人才能認識上帝；先是祂對人發出呼召，邀請人返回祂的懷抱中，人才有回應上帝呼召的可能。改革宗神學家更進一步相信，人甚至連回應上帝的呼召、皈依上帝的能力都沒有；按着犯罪的人類的本性，絕對不會遷善去惡。黑暗之子如何會迎向光明，接受那被我們視爲愚拙的十字架道理呢？惟有當聖靈進入我們心中做感動的工作，開啓我們的眼睛使能看見，開啓我們的心竅使能明白，我們才可能棄暗投明，接受眞理，皈依基督。如此，「惟獨恩典」的含義，不僅是說明了基督在十字架上成就的救贖是上帝賜人白白的恩典，連我們得以相信並接受這恩典本身也同樣是上帝的恩典。換句話說，是上帝呼召人去相信祂，又是上帝賜人能力去相信祂（至於人的意志在皈依的過程中是否有積極作用，人能否拒絕上帝的恩典，加爾文派與亞米紐派倒有對立性的看法，茲不贅）。無論如何，人不是認識了信仰，然後去做一個明智的、理性的抉擇，反倒是上帝的揀選與臨在，逼使人無法不對祂降服和效忠。「不是你們揀選了我，是我揀選了你們。」（約十五16）

在這種情況下，人的皈依就更加不是就他充分的「已知」去做一個歸納性的結論；反倒是弔詭性的，他之能夠皈依，首先是要接納、承認自己的不知。人的理性思辨能力，在尋索上帝的事上，是完全無能爲力的，我們不能認識上帝。就好像祈克果 (Kierkegaard) 所言，人的理性尋索，充其量只可以爲他發現一個內在的上帝（immanent God〔即如我們常說的「第一因」、「終極關懷」，中國人的內在化道德化的「天道」〕）；這個上帝雖然在他心內，卻同時是遙不可及的。因爲即使是有限的人，也隱約地知道全能自主的上帝不可能便等於我們理想中的那一位。並且退一萬步言，就算上帝即等於我們良知所投射出來的完美標準，我們也永遠發現自己的現實離此完美標準甚遠；人愈有良知、心中愈有上帝的觀念，便愈會誠實地承認自己的罪惡不仁；人知道應該趨近上帝，卻除了被內在的上帝審判他，宣告他的不濟外，至終無法越出雷池半步。人苦極呼喊，在絕望中哀求上帝垂憐；然後滿有恩慈的上帝親自來尋索我們，向我們發出「凡勞苦擔重擔的人，可以到我這裏來，我就使他得安息」的呼召，好叫我們能在祂的恩典裏止息地上的勞苦（包括妄圖尋找上帝的勞苦）。是上帝親自的幫助，使我們藉信仰跳越人與上帝之間的鴻溝，好與那位超越的上帝 (transcendent God) 相遇。

這樣對信仰的了解，與聖經的教導是完美配合的。聖經從來沒有試圖以理性辯證過上帝的存在。有人認爲，羅一19～20是宇宙論證與加爾文的民族共識（consensus of nations，即世上所有民族均有上帝的觀念，故顯然地上帝觀念並非人的文化創造的結果，而是人結構的一部分）的最佳經文支持；但證諸上文下理，與其說保羅肯定人能夠認識上帝，倒不如說他揭露了人只拜偶像、不敬眞神的事實吧；並且，保羅之要強調人心裏有上帝的觀念，目的端在說明人犯罪的嚴重性與普遍性，以及上帝刑罰世人的合理性。保羅並沒有認爲人能夠利用他心裏的上帝觀念建構出眞確的信仰知識（套用神學的說法，可以有「自然啓示」〔natural revelation〕，但卻沒有「自然神學」〔natural theology〕），也不相信人能藉此尋索到上帝。惟有基督的拯救，加上人的信心，才是人得贖稱義的不二法門（羅三24）。「既是這樣，哪裏能誇口呢？沒有可誇的了。用何法沒有的呢？是用立功之法麼？不是，乃用信之法。」信是人唯一接觸上帝、認識上帝的方法。信仰（*pistis*）這個字，在希臘文的原意主要不是在頭腦上的認可某些東西(to believe in)，即接納某些說法或理論，而是信靠(to trust)。當耶穌呼召彼得及其他使徒的時候，他們並沒有對耶穌的道理理解多少，更沒有作過我們認爲是理所當然的邏輯思辯工夫；彼得放下他的魚網和生計跟隨基督，不是因爲相信 (to believe in) 耶穌傳講的道理，而是信靠 (to trust) 呼召他的耶穌本人。來十一18論及亞伯拉罕的信心時說：「亞伯拉罕因着信，蒙召的時候，就遵命出去，往將來要得爲業的地方去；出去的時候，還不知往哪裏去。」所有希伯來書十一章所列舉的信心偉人，都是將他們的生命投擲至不可知的境地去；他們在作出冒險的決定時，並沒有任何的把握，並無詳細的理性審查與批判，甚至並沒有究問抉擇的合理程度如何（他們的決定多數是不合理的，在常人眼裏是瘋狂愚笨的）；唯一導致他們作決定的理由是，他們認定這是上帝的呼召。正如 Emil Brunner 所言，唯一可以充分證明耶穌基督是主的方法，便是人親身與基督相遇，並且在祂的臨在裏被徹底折服，不得不承認祂是主。這是不是太主觀、太危險了呢？對，的確是太危險了，但信仰本來便是危險的。

信仰本身就是一個冒險、一個抉擇，沒有任何必然性可以成爲我們穩妥的把握。一切理性的論證和護教的努力，最多僅能說明相信基督教是一個合理的抉擇，但卻無法再進一步確定基督信仰在邏輯和學理上是個必然的結論，以致任何只要是有思想的人，都必須在這個道理面前折服。常有基督徒向我埋怨，說他們在傳福音時，往往發現無法用護教及判教的理論去說服別人信主。我非常同情他們的困擾，但卻要向他們指出這種情況是理所當然的；信仰本來就是這樣。信仰之爲信仰，必然是正、反兩個可能性都同時存在，並且都同樣是有理由的。我們毋須相信香港今天很繁榮，因爲這是事實，不用相信，也毋庸置疑；但在九七年後能否繼續保持繁榮安定，就有人相信，有人懷疑了。儘管他們所提的相信或懷疑的理由有高下、及充分與否的分野，總不能否認兩者都是合理的推想；事實上，也沒有人能作百分之百的準確預測。任何信仰，只要是信仰，就必然容許與它對立的看法可以站得住腳；人們可以信，可以不信；否則就乾脆叫知道，不叫相信了。

信仰本身是個冒險，所以它永遠不可能與盼望分開，我們在第六章將會談到盼望。

倘若皈依是對未知的東西說「是」，也委身於一個不確定的未來，則皈依便僅是信仰的開端，而非完成。很多時我們會以爲皈依決志便是信仰的完成，日後的跟進栽培，都不過是補充性的工作，目的只爲使初信者對信仰的內容有更多的了解，及適應教會的生活（包括熟習一套術語詞彙，好與基督徒溝通）。我們忘記信仰本身是一個歷程，不是已經完成了的。在以後，我們會對此有更多的討論。

第二章

相遇——信仰的根基

倘若沒有任何理性的證據是壓倒性的，可逼使我非信上帝不可的話，那唯一能說服我必須皈依的理由便是上帝與我相遇，祂呼召我去跟隨祂。

人無法尋着上帝

我們信仰的對象是上帝，但上帝卻是一位無色無臭、無形無體的靈體，沒有人能看見祂，摸着祂；那麼，若不是祂親自向我們顯現，由不可見、不可摸、不可知，變成「我們所聽見、所看見，親眼看過、親手摸過的」，我們就不僅無法認識祂，連構想祂也不可能，更遑論信仰祂了。離開了基督的福音，任何人宣稱他擁有若干上帝的知識，或者相信上帝，都是虛妄的；因為除了「未識之神」外，他根本就沒有信仰的對象。上帝在人間原來是不存在的。

上帝在人間原來是不存在的。人尋索上帝已有極漫長的歷史，自有人類文化以來，人便不斷地尋找上帝，要認識祂，與祂建立密切的關係，但始終沒法成功。人需要上帝，人類歷史是一個尋索上帝的歷史。正如上一章所舉的加爾文的民族共識論證，便指出世上所有民族均存有上帝的觀念，也都有他們的宗教；加爾文認爲這證明了上帝的觀念並非後天的，人爲偶然的文化創造，而是上帝在造人時便已埋藏在他們心裏的觀念，故此是人內置的結構，怎樣也無法將之揮去擺脫的。也許現代學者們不一定會同意這個形上學的解釋，他們情願選擇用歷史學與人類學的角度來詮釋宗教的起源，指出宗教根源自人的恐懼與無知；因着對大自然力量的敬畏，對衆多生存威脅的恐懼，以及無法用科學理性解釋的各種自然現象，故此必要用上帝及神話來予以解釋，並尋求心靈的安頓。他們也可以用心理學來說明宗教普遍存在的理由，如佛洛伊德 (S. Freud) 認爲人要藉獻祭來解脫心中的罪疚感；費爾巴哈 (Feuerbach) 則主張宗教是人心理的無助感與依賴感的反映。但是，無論我們用何種自然主義或經驗主義的理論，來解釋宗教作爲一個人生及文化現象到底是怎麼一回事，總不能否認宗教是人類最古老的活動之一，並且一直與人類歷史並存發展的事實；至二十世紀末的今天，仍然沒有衰歇的迹象。千多年前奧古斯丁 (Augustine) 的一段禱文：「（上帝），因爲我們是爲祢而造的，我們的心若得不到祢，就不得安穩。」仍是現代人心靈的最佳寫照。

人類尋索了上帝千百年，結果卻一無所得。人類歷史一方面是尋索上帝的歷史，另一方面則是塑造偶像的歷史；人既無法在自然世界中尋得上帝，便只好把各樣的受造物擡舉爲神，「將不能朽壞之上帝的榮耀，變爲偶像，彷彿必朽壞的人，和飛禽走獸昆蟲的樣式。」（羅一23）爲甚麼會這樣？是因着人的犯罪嗎？對，但與其說拜偶像是人犯罪的表現，不若說是人犯罪後的必然結果。人既失去了與上帝直接溝通的能力，視界被局限在自然現象之內，則他們所能找到或推想出來的，也不能越出自然界的受造之物的範圍，頂多是將之拚湊連合及神聖化；造成半幻半實的東西。「他們的思念變爲虛妄，無知的心就昏暗了」，這確是與上帝隔絕後人的眞實情況。人需要上帝，但人卻只能塑造及膜拜偶像。

也許我們會問，那些古老的神話迷信、低級的民間宗教明顯地是拜偶像，但是如回教、佛教等高級宗教，以至儒家等東方哲學化宗教，或西方的「終極關懷」之類的宗教哲學，難道也是拜偶像嗎？筆者要說，他們縱然沒有膜拜泥土木頭雕塑成的偶像，也是用了各種虛渺無端的言語和概念，來搭建哲學性的偶像。所有有關上帝任何形式的宗教哲學論述，都是拜偶像的活動。上帝是不可言傳的，原因不在於上帝的觀念本來就是虛擬的，故無法作具體落實的說明，卻是因爲上帝及其超自然的屬性完全越出了人的思想和經驗，非人的言語和思維所能把握。我們活在自然界，受拘限於自然界，如何能窺見超自然事物的眞面目呢？我們的知識和經驗僅來源自現象界 (phenomenon)，知識和經驗也僅應用在現象界，怎麼能探討事物本相的「物自身」界(noumenon)呢？因此，一切宗教哲學裏關於上帝的論述（包括若干基督教的自然神學在內），都僅是故弄玄虛地搬弄一大堆彼此循環互證的抽象概念，並無具體的指涉對象，也沒有認知意義。 A. J. Ayer 有關宗教語言的討論，已在此方面爲我們分說得夠詳盡了。

超越理性的信仰

上帝完全越出人的語言描述能力的範圍，無法讓人理性地論述，更不能正面地建立任何有關上帝的知識。人僅能用否定句的形式來陳說上帝，這是六世紀的 Pseudo-Dionysius 早已發現了的；他說：「我們對上帝最大的知識，就是藉着否定知識。」(The most divine knowledge of God, that which comes through unknowing.)。就是說，當我們自以爲在正面地描述上帝（如指上帝是 A ）時，我們其實並不知道該正面描述的具體內容（沒有人知道 A 是怎麼），我們唯一知道的是，我們並非是那個描述的 A（人不是 A ），而上帝有別於人類。舉一個例，我們常說上帝是無限的，但其實我們並不眞正知道甚麼是無限，尋遍整個自然世界，窮究我們有限的知識和經驗，也沒有無限的存在；我們所擁有及經歷過的東西都是有限的。因此，我們說上帝無限，並非眞箇正面描述了上帝，或對上帝有任何具體的認識，而僅是藉此否定自身的經驗，即上帝不是我們，上帝不是有限的。所謂無限，就是不是有限而已。神學家稱此種描述上帝的方法爲否定法(Way of Negation)。

當然，描述上帝尚有別的方法，諸如完全法（ Way of Eminence ，即將受造物相對而有限的美德推至完全）及溯本法（ Way of Causality ，一切我們有的皆源自上帝）。但是，這些方法要不是更加危險（特別是完全法，根本便應驗了如費爾巴哈及馬克思等的「人按照其形象創造上帝」的論斷），便是和否定法一樣，無法爲我們增添絲毫對上帝正面的、具體的了解。我們唯一準確知道的是：上帝不同於我們，上帝是上帝，不是任何受造物。

若果上帝在人間並不存在，人無法就其有限的知識和經驗建構出任何正面的、具體的上帝知識；那麼，上帝親自來尋找人，向人顯露祂自己的本相，就成了人認識上帝的唯一方法了。既然人不能超越受造物與創造主之間的鴻溝，上帝就只好突破時空，進入人類歷史當中，成爲有血肉之軀的人，把原來不能看見、不能摸到的耶穌基督，變成可以看見、可以摸到的耶穌基督。「道成肉身」是基督教信仰所傳講最重要的眞理，也是人與上帝溝通的唯一途徑。「從來沒有人看見上帝，只有在父懷裏的獨生子將祂表明出來。」（約一18）耶穌基督是上帝的彰顯（西一15），也是人間獨一無二認識上帝的方法。離開基督，一切有關上帝的論述皆是虛妄，一切對上帝的信仰皆是偶像崇拜。

耶穌基督作爲上帝對人最大的啓示，是在二千年前便已賜予給人類的；那麼，今天我們要認識上帝，是否仍需要耶穌基督再次的道成肉身、人與上帝再度相遇呢？我們可否滿足於教會的見證，就是說信任那傳遞了二千年的信仰解說，而毋須逕自尋求個別的、一手的人神相遇的經驗呢？答案是不可能的。

原因是：雖然耶穌曾道成肉身，與我們在塵世相遇，但成了肉身的道畢竟仍然是道，仍與自然的現象世界有本質上的差距；同樣地，十字架的道理雖然是用了人的語言文字來表達，但它既不是由人的知識和經驗所能推演出來的，便始終無法與其他人間學問融爲一體，被裝扮成爲邏輯的、理性的知識。基督信仰不是其中一種知識，要是它是知識的話，則此種知識絕對不能與其他知識合併、相提並論，它不可以被我們視爲衆多合法的對宇宙人生解說的其中一項；要麼我們便接受基督，破除一切偶像；要麼我們便維持現狀，拒絕福音，兩者之間絕無迴旋妥協的餘地。上帝是忌邪的上帝，基督信仰是排他性的。尤其麻煩的是，基督信仰的排他性，不獨要排斥所有人爲的上帝知識，更進一步排除人有認識上帝的可能性。我們必須承認自身的愚昧無知，在認識上帝的事上是無能爲力的。放棄已有的知識，承認自己的無知，是皈依基督耶穌的先決條件，捨此無法成爲基督的門徒。

要用言語和文字去論證基督教的合理性，讓人了解明白，是不可能的事。不過，人對這個殘酷的事實是難以下嚥的，怎麼能廢棄自己的智慧和聰明呢？於是乎，打從基督教成爲西方的主流宗教開始，便不斷有人努力把基督信仰的荒謬性和神祕性塗去，使其湊合上人間的知識系統去；他們發明（或借用自希臘哲學，如宇宙論證）了種種論證上帝存在的方法，又搭建了邏輯縝密、結構森嚴的教義神學，使基督信仰變成知識中的知識，一切學問的頂峯，也就是成了自然科學與人文科學等學問的延伸。然而好景不常，在十七世紀理性主義時期開始，人類知識便起了一場重大的革命。經驗主義、自然主義和實證主義等知識論相繼擡頭；知識世俗化，促使神學逐漸被趕逐出自然科學和人文科學的教室之外，其理性基礎被一一拆毀，也不再被應用爲其他學科的必要假設了（「我不需要上帝這個假設」，正是天文學家 Laplace 對拿破崙的回覆）。問題是，當那些上帝存在的「理性證據」被證實爲不再合理或不再有效之後，基督信仰的眞實性竟也一併受人懷疑，彷彿若失去了這些理性基礎的庇佑，福音便再沒有立足的餘地。自十九世紀的黑格爾起，便不斷有人高叫上帝已經死了，而這種叫喊聲由非基督徒（最著名的當然便是尼采）直傳至二十世紀六十年代的「神學家」口中（即 Gabriel Vahanian 等所鼓吹的「神死神學」）。John Robinson 在他那本傳誦一時（也招來極多咒罵）的小書《對上帝誠實》(*Honest to God*)中，公開宣稱傳統基督教的正統教義已經過時，必須大幅予以揚棄，我們舊有的上帝觀念應該被鏟除。端此基督信仰似乎是岌岌可危了。

但是，上帝果眞死了嗎？到底是哪一位上帝死了，是「第一因」和「至善」(absolute good)等宗教哲學觀念，抑或耶穌基督宣揚的天父？爲甚麼在康德 (I. Kant) 拆毀了本體論證和宇宙論證以後，基督信仰便要伴隨殉葬？如同 Kenneth Leech 所指出的，近代知識界所拒絕的，與其說是基督信仰，不若說是傳統西方的有神論 (conventional western theism)，即是說由衆多論證所拱衞的宗教哲學；不幸地在頗長的一段日子裏，基督信仰被視作等同於這套有神論的哲學體系，以致當後者被否證了後，前者也受牽連拖累（參 Leech, *Experiencing God: Theology as Spirituality,* New York: Harper & Row, 1985, 第一章）。問題是，爲甚麼啓示的信仰要與人爲的自然神學二合爲一、彼此等同呢？是誰亂點鴛鴦地把基督信仰與人間知識結成配偶，教它們脣齒相依，生死與共呢？不！我們必須嚴正地指出，十字架的道理本來就不是人間的道理，也不會合乎人間的道理；那些以爲可以用人的邏輯理性把基督教打扮成理性宗教的做法，本來就是極其狂妄荒謬的；所以，要是他們的撮合失敗，論證破產，也是活該和理所當然的。但是，他們的失敗卻不等於基督信仰便再無生理！

個人化的信仰

信仰的起點是信仰，這是千古不疑的鐵律，教會從來沒有這個能力把對福音的「見證」變成「論證」，耶穌並未授予祂的門徒這樣的能力。所以，倘若二千年前與耶穌同時代的人無法憑肉眼把祂識別出來，今天的我們也同樣不可能單憑聆聽教會的講論，便義無反顧地接受基督是主；「祢是基督、是永生上帝的兒子」的認信，絕不能出自血肉之軀的我們的口，必然是基督在天上的父所指示的（太十六17）。耶穌基督道成肉身這個二千年前成就的客觀信仰，必須在我們親自遇見今天仍然活着的祂以後，才可以成爲我們主觀的信仰；那位在二千年前默示聖經的聖靈，必要在我們的心裏作默示的工作，方能教我們在上帝的話語裏發現永生。與上帝相遇，是我們認識上帝的唯一方法。

信仰必要是個人性的，別人的知識不會自動轉帳成爲我們的知識，別人的經驗也永遠不會藉言語的分享而過渡成爲我們的經驗。上帝作爲超自然的奧祕，必要在祂向我豁露顯現後，才教我心悅誠服地放下自己昔日持守的上帝觀，及認識能力的自信，俯首聆聽上帝「我就是我……」的自我說明。惟有祂親自與我邂逅，呼喚我去跟隨祂，祂才成爲「亞伯拉罕的上帝、以撒的上帝、雅各的上帝」、我的上帝。沒有第一手的與上帝相遇的經歷，便沒有個人的信仰；沒有主觀的與上帝同行的體驗，基督信仰便只能淪爲一套輭弱無力的宗教哲學。

與上帝相遇是人能夠皈依上帝的唯一充分理由，也是基督徒能夠繼續持守信仰下去的根本原因。信仰必須是當下的、此時此地的。昔日的得救經驗，那怕是再驚心動魄，也無法支撐一個人的信仰生命一生之久；他不能永遠只在複述那個感人肺腑的得救見證，（而他又可能只有那麼一個見證），否則信仰必然是愈來愈疲乏，熱忱愈來愈冷卻。今天上帝在哪裏？我如何在平凡的日常生活中發現祂？這些是每個信徒必須努力求問的、生死攸關的大問題。

信仰標準化的危機

現代人信仰的最大危機，是無法在他所處的世界裏發現上帝，上帝要不是不曾存在，便是徹底的沈默。祂從來沒有介入我們的時空、干涉我們的生活，甚至，在我們重複平日起居作息等活動時，也沒有預計祂的臨在，此世的生活是完全自足的，超自然的因素並不佔有任何的位置。上帝僅是在我們遭逢人生重大變故時，扮演了一個能提供形上學解釋（爲甚麼讓這不幸的事發生），及讓我們發洩內心鬱結（找上帝來控訴一下）的角色。「人的盡頭是上帝的開始」，要是人仍然覺得他應付生活綽綽有餘，一切事情都得心應手，未到山窮水盡、走投無路的地步，那爲甚麼還要勞煩上帝老人家來插手呢？這樣的上帝觀，與自然神論只是一線之隔。

請別誤會以上所指的是無神論者的情況，恰好相反，那是普遍發生在教會的屋簷下，且是相當數量的基督徒生活的寫照。一個宣稱信仰上帝的人，卻活得好像沒有上帝一樣。今天外向型的教會，動輒以工作成就和效果來量度基督徒生命的價值，甚至把屬靈追求、生命進深也看成爲另一條實踐個人理想的道路。在他們看來，進深的生命就是如何做一個出色的基督徒、成功的基督徒，在信仰裏追求卓越，竭力表現自己的恩賜與才幹，讓人在我身上發現上帝賜福、擁有聖靈恩賜的證據（這是被歪曲了的韋伯〔Max Weber〕版本的加爾文主義的得救確據觀念）。因此，信仰要不是變成一套又一套具有嚴密程式的訓練課程（從主日學、門徒訓練以至神學教育）、晉升階梯（從主日學學生至教員、從團契團友至職員至導師、從部員至部長、再至執事、長老，甚至全時間奉獻爲傳道人），就是一個個可以量化量度的實踐目標（專業化的事奉：傳福音、聖樂、行政管理、個人輔導……），講求的是知識、技巧，及可供評估的標準。更可怕的情況是，連個人的屬靈操練也被標準化及程式化了（屬靈的基督徒＝穩定的靈修生活＋積極的教會參與及事奉＋什一奉獻＋職業表現出色＋家庭生活和諧＋性格隨和、平易近人＋順服教會權威與傳統……）。於是乎，愈能合模的便愈是「屬靈的」基督徒，要是這樣的「屬靈」信徒能有鮮明的信仰實踐目標，在某個事奉專業中表現其專長與特殊的貢獻的話，則便更進一步升格爲「時代的工人」、「屬靈偉人」了。「卓越」與「屬靈」，於此成了同義詞。

當然我們不能太過極端激進，草率地一筆抹煞社會公認的成敗標準與遊戲規則。人總是需要分辨出秀異與庸碌、不凡與平凡的，鼓吹泯掉一切差異的平民主義從來都沒有眞正的市場；而秀異分子必須有具體可見的功業成就，以爲其身分的支持與證明，否則便無法驗明正身，爲大衆認同接受。這即在教會之內也不會有太多的例外。並且，教會若要成爲一個有效率的羣衆組織，便必須接受企業管理的理論，最起碼的是要設定一套統一的制度和規範，及明確的目標，供成員遵守與實踐；進一步也要確立可供評估個別成員表現的考勤標準和獎罰升黜方法。强調差別過於同一的個體主義將會使理性化（即是標準化）的組織原則無法推行，甚至導致組織功能陷於癱瘓（這是極端的自由主義教育思想永遠不能予以實踐的原因，它抵觸了教育作爲社會化的工具的基本作用）。倘若我們不把使徒教會過分理想化的話，則也可以在聖經裏清楚地看到，爲了要分判眞理與異端，教義必須標準化；爲了要維持和諧的羣體生活，必須限制個人恩賜的運用，並且建立行政及權力的組織。從二世紀教會如何艱苦地與諾斯底主義 (Gnosticism) 抗爭的歷史裏，我們知道過分的個人主義信仰模式的危險，它破壞了信仰的歷史性與大公性（這是下一章我們要處理的課題）。

但是，在充分地了解教義與組織的標準化的必須性同時，我們也必須看到將信仰的個人層面泯除、把屬靈生命的追求進深也予以客觀化標準化的錯誤。它最大的問題所在，是貶低及輕視了信仰作爲個人屬靈的尋索、人神相遇的經歷的價值，從而動搖了整個基督信仰的基礎。甚至絕不誇張地說，這樣子的客觀化與標準化的信仰，既排除了信仰的個別性與冒險性，又拒絕不能預測或控制的信仰變數 (variables)，很容易便不知不覺地使教會扮演了上帝的角色，從而把眞正的上帝趕逐出教會以外。我們只要過去的上帝（有確定範圍與內容的信仰）、將來的上帝（時代論者會告訴你一個詳盡的末世發展藍圖，像解釋「推背圖」、「燒餅歌」般爲各種末世預言解碼），而毋須一位現在的上帝、此時此地的上帝。祈克果與潘霍華等神學家，早已爲我們區分出「宗教」與「信仰」，兩者的差別處，在於「宗教」只要教會而不要上帝。說得簡單一點，這也便是聖經裏所描繪的法利賽人，爲要捍衞他們固執的宗教觀念，而將眞實的上帝殺害了；對他們而言，一套嚴密和諧的教義和教會組織才是至關要緊的，能爲人在心理上提供一個安全的避難所，安身立命的根據；活着的上帝及祂的啓示，只會構成冒犯與威脅。

與上帝相遇

筆者再說，對一個傳遞了二千年的歷史性宗教而言，擁有一套淸晰明確的教義及足以判別眞僞的教義審查標準，存在着一個可供信徒集體地表達他們信仰感情的禮儀傳統，是既合理又必須的（不過教義與禮儀也不能一成不變，必須因時制宜，否則一旦禮儀與人的信仰感情再無法諧合，就變成「禮教吃人」，人爲安息日而設了）。而教會作爲一個社會組織，建立一個決策及權力分配的制度，界定組織內成員的權利與義務，也是不可或缺的。但是，以上這些在教義、禮儀及組織上的客觀化與標準化，絕不能威脅甚或取代了個人性、主觀性的信仰層面。信仰並不等於返教會、盡信徒義務、有好的道德操守；雖然這些條件都很重要，總仍不是信仰本身。信仰的核心，永遠是人與上帝相遇：上帝尋索人、人發現上帝的過程。就是說，上帝爲拯救活在罪中的人類的緣故，在二千年前曾親自（個人性的）藉着祂愛子的犧牲，作成了一個劃時代歷史性的救贖行動，爲人類開闢了一條出死入生的道路。但是，上帝是個人性的上帝 (personal God)，祂並沒有在完成這個歷史性的救贖行動後便退出江湖，不問世事，單單將救恩客體化爲一套入教的儀式和手續，或者委託一個救援組織（教會）來將此救恩予以分發，而祂自己則袖手旁觀、置身事外，不再投入參與。不然，上帝卻是繼續施行祂的救恩，救贖行動仍然是持續的。當然，所謂上帝仍繼續施行拯救，並非表示昔日耶穌基督被釘在十字架上的流血犧牲不是終極性或非永遠有功效的，基督的寶血已一次過買贖所有的罪人；而是說，上帝要使這個客觀的拯救變成主觀的拯救，使原來在二千年前拯救「人類」的行動，變成今天拯救「你」與「我」的行動。上帝仍在施行拯救，把歷史性的救贖變成個人性的救贖。祂的救贖行動，是介入我的時空、進入我的生命中，與我相遇，並對我發出「來跟從我」的呼召。上帝的救贖是祂的呼召。

每個基督徒都是既靠着上帝在二千年前所成就的歷史性救贖行動，及今時今日的個人性救贖行動而皈依的。從來沒有人可以憑着自己的力量，自告奮勇地成爲基督徒；他不能單單覺着福音故事眞摯感人，耶穌精神足堪法式，基督信仰清新可喜，便自願地加入信徒的行列。申請加入教會倒是不成問題的，我們無法避免不同的人懷着不同的動機加入教會；山羊與綿羊同欄，麥子與稗子共生，是既遺憾但又難以杜絕的現實；但要重生得救，倒還差得太遠呢！

與上帝相遇，是基督徒生命每一刻的基礎。

第三章

認信——信仰的客觀內容

認信與客觀的信仰

我們曾多次提及信仰的冒險性，這是本書所要强調的其中一個主題。基督徒並不是對已明白的才予以委身，卻是委身於不明白的東西；而惟有不明白的才眞正需要我們以信心去領受、以信心將自己投身進去。這並不是將信仰的價值貶低了，反倒是標示出信仰的眞實性與必須性（所以被貶低的不是信仰，而是人的理性）。我們並非先了解明白，然後相信，或者只相信一些我們的理性可以明白的東西；反倒我們是像賭博般將自己投注在耶穌基督這位對象身上。在投注之時，我們對耶穌這位對象的了解是極其有限的（沒有幾個人在舉手決志時已看完福音書一遍，或者已會背誦《使徒信經》），甚至我們知道根本不可能藉自己的知識和經驗去了解祂；我們只是憑信心邁步出去，開始信仰的歷險。從古教父起，先信仰後

了解 (faith seeking understanding) 已被確立爲神學的基本原則：我們不是明白了才相信，卻是先信了，然後察看是否可以明白；而在尋求明白以先，我們已有心理準備，就算窮一生的智慧也不會完全將上帝的奧祕參透，故明白不是能否信下去的先決條件。

有人也許會有疑慮，這個說法是否會令信仰變得太過主觀、太過任意呢？答案是：不會。信仰的歷史性與客觀性仍是我們所堅持的。並且剛好相反的是，惟有在我們否定了搭建自己一套自然神學的可能，放棄了將信仰世俗化、納入人間的知識系統的野心後，我們才能謙恭地領受上帝在救贖歷史中啓示的信仰，完整地保存它，不妄作任何的增減和私意的詮釋。儘管我們並不一定完全明白上帝的啓示內容，或者心底裏並不完全同意它的邏輯理性，也不敢胡亂將之改動修正；又即使我們對此世有更多迫切的關懷，對宇宙人生有各種不同的意見和計劃，亦不致把它們升格至與啓示等量齊觀。上帝的話不同於人的話，上帝的話那怕我再無法欣賞，還是上帝的話；人的話那怕是再有智慧，仍僅是人的話。筆者的老師巴刻 (J. I. Packer) 在他的「系統神學」課堂裏，開門見山地表白了他的信仰立場和對聖經的看法；他說：「別問我對聖經個別的經文如何評斷，或裏面能否有錯謬的問題。也許聖經果眞有錯，但也不是我可以知道的。因爲早在評斷聖經以先，我已先評斷了自己的理性，並且確認它在評斷上帝的話的事上是徹底無能的。所以，我定意完全降服在聖經的權威之下，容讓它自由的光照我……」强調信仰的主觀性不僅不會威脅到信仰的客觀內容，反而是將其權威更形確立牢固了。

下面我們將談到對信仰的客觀內容的認信(confession)，可以發現，當我們愈具體地了解認信的內容時，便愈能體會信仰的冒險性含義。

信仰的優先性

或者先從常識入手說起吧。環視華人教會的信徒，筆者敢斷言，沒有多少人是清楚知道他們所屬的宗派的信條與特色的；更加不會有人是先研究了不同宗派的信仰立場，參詳其優劣，然後才選擇加入其中一個的。眞實的情況是，我們均是偶然地（盲目地）被別人帶領（或自己誤闖）進某個宗派的教會，在那裏皈依，參加有宗派特色的慕道班或初信班，接受該宗派的聖禮；然後才有人正式告訴我們，我們除了是基督徒外，也是宣道會、或浸信會、或循道會、或聖公會……的會友。再接續而來的，在我們接觸到別的宗派的基督徒後，便有人進而告訴我們，原來我們是屬於基要派、福音派、靈恩派、「新派」（這個名詞非常曖昧，但卻普遍被應用，也許是 modernism 的繙譯）、自由派、主流派、名門正派、魔道邪派……。對絕大多數基督徒而言，既從來不知道這些宗派產生的歷史背景，又不清楚它們之間有何種恩怨差別，他們之加入甚麼宗派，都是糊里糊塗的。因此，被列爲正派自然是非常幸運，被判定爲邪派或異端就眞的是既無辜又冤枉了。事實上，一般基督徒即使在某個宗派教會裏安頓多年，也還是不大明瞭（亦不會關心）這個宗派的信條是甚麼、傳統特色是甚麼。信仰對「平」信徒（即「小民」的意思）的他而言，就是返教會聚會、讀經、祈禱、奉獻、事奉，僅此而已；正派教會與邪派教會，在信徒生活的層次上幾乎沒有分別。所以，他們若無法識別出他們的信仰內容和表達與別派有何差異，根本就不值得訝異。甚至許多牧者也不見得能分辨出他們繼承了甚麼獨特性的屬靈遺產，事實上，連大部分神學生都無法清楚道出更正教兩大主流：信義宗與改革宗的分別處呢。因此，一旦有基督徒被人指劃爲邪教中人（異端）時，他們的憤怒與被枉屈的感覺，是可以想像的。

筆者曾出席過幾次討論靈恩派問題的聚會，它們不約而同地都以鬧個不歡而散來結束。原因不是參加者的胸襟不夠廣闊，無法採納別人的批評意見，也主要不在於他們拒絕遵守會議的常規，把問題的探討降格爲意氣的爭辯；卻是由於他們中間欠缺了共同的信仰經驗，以致難以確立出信仰評估的客觀標準，好對個別宗派作恰如其分的評價。每個基督徒都有他熟習的信仰傳統，而這個信仰傳統（尤其是個人體驗和教會生活）對他來說，是獨一無二的；極少有基督徒跨越過不同宗派的樊籬，親身經歷過其他的教會生活，以致能客觀持平地作出比較，分析出各項細微的歧異處。當然就理論層面（如教義神學）或可見的禮儀教制等層面來區別不同宗派的特色是輕而易舉的事，毋庸論者有第一手的經歷也可以說得出來。但是若要在外觀上的差異之外，進一步評論它們的優劣得失，便很難避免流於武斷與失眞了。對靈恩派的評斷也存在着這樣的困難。提出批評的多數是非靈恩派的人，而他們大抵上也並沒有靈恩派教會生活的經歷，他們多僅是就教義上的着重點以至西方的歷史經驗來作立論的依據；但局內人就個人體驗和教會生活兩個層面來反省，卻絲毫不覺得存在着別人所提到的危機或偏差，所以便自然有被誣陷的感受。必須公允地說，這不是他們已被某宗派洗腦了，所以視界受攔阻，無法領受眞理；而是神學討論與教會生活之間本來便存在着懸殊的分野（也就是理論與實踐的關係問題），所以接合不來而已。譬如說，某宗派果眞是偏重感情而不重知識嗎，又有多少信徒是眞的很重知識的？說某人的基督論有偏差嗎，又有多少人眞的明瞭甚麼是基督論？甚麼叫「形態論」(modelism)？說實話，許多人平常在提到三一上帝的關係時，不經意陷墮了形態論也不自知呢！正如宣道會堅持前千禧年論 (premillienian-ism) 的信仰，卻沒有多少信徒眞的明白這個神學理論說甚麼，爲甚麼它會比其餘無千禧年論或後千禧年論值得選擇，又對他們的信仰生命有甚麼意義。總之，他們是在加入了宣道會以後，才知道他們已屬前千禧年派，並且在接受水禮前竟已簽名贊同了前千禧年論的主張（他們也許還以爲只簽署作基督徒的志願書呢）。

這裏我並不是要批評教會的慕道制度或教導事工出了問題，也不是主張因此教會便應該在主日學或門訓課程中加强教義神學或宗派特色的講論（這樣做當然沒有壞處，但並非本文的重點）；我的意思也不是說信仰內容對平信徒是不重要的，正統與異端、對與錯都不打緊。我只是要就現象來說明一個事實：信仰的優先性。我們不是明白了才相信；並且在相信了以後，才赫然發覺不明白的遠比能明白的爲多。

沒有多少人是因着讀聖經，發現聖經是上帝的話，然後皈信聖經裏所記載的耶穌基督；他們乃是先與活着的耶穌基督相遇，對祂表示降服，成爲基督徒，才進而認同拱衞基督信仰的聖經的權威。但是在一個人皈依基督以後，他更發現要認同的並不僅是聖經的權威，還有許多許多他不曾想過、不曾理解，甚至也不知道其重要性何在的東西是他必須承認的，只要他是基督徒，便得全盤地認信這些東西。於是乎，他開始明白到信仰絕不僅是單純地宣認上帝的存在，經驗上帝的眞實這麼簡單。對，信仰絕不簡單。

歷史性的內容

基督信仰是一個存在了二千年的歷史性信仰，她不獨有特定的信仰內容和辨僞標準，並且這個內容是由一個自有信仰以來便從沒間斷過的信徒羣體代代相傳地繼承下來的。信仰的內容從不由人自行決定，更不容許任意增補刪損；我們不能像到超級市場買東西般自由選取合心意的食物，好配搭出自己的餐單，眞要這樣做，便是在自創一個新的宗教，而非原來的基督教了。任何學科專業、文化傳統均有其延續性（所謂師承門派）與價值上的規範性（是否原裝正版、優劣好壞的分判），而宗教的規範性在衆文化單元中大概是最嚴謹的，因爲它們均會要求信衆對其信仰對象作徹底無保留的效忠，教義的純全性也是它們所看重的。基督信仰既然由上帝所啓示，自然就更難容許人的隨意置喙、胡言亂語；在啓示的信仰、歷史性的信仰面前，人必須謙卑下來，聆聽而非發言，順服而非討論。信仰是沒有太多討價還價的餘地的。

或曰：難道基督教許多的教義不是人爲的建構嗎？爲甚麼前人可以在信仰內容上多作發明，而今天的我們卻諸多制肘？難道信仰在一經創立確定以後，便一成不變；不能容許後人隨時代的轉變而予以增修嗎？

有關教義的建構問題在後文將會論及，這裏暫且按下不表，先處理信仰能否伴隨歷史與文化的時空而變遷的問題。除非我們接納進程神學對上帝及啓示的看法，也就是把啓示由上帝主動向人表白一改而爲人主動發現上帝的啓示及啓示的上帝（也就是說，根本就沒有永恆固定的上帝，更不會有固定不變的啓示了），否則就必須堅持上帝的啓示是永遠有效，信仰內容是不會因人的認識能力而有所更改的；儘管上帝在今天仍是活着、且繼續作工的上帝，但沒有轉動影兒的祂不會收回祂發出的命令，更不會修改祂已向人豁露的眞理。無疑人的智慧知識較二千年前確有長足的進展，但這些進展若與上帝的兒子一次過道成肉身所作的啓示相比，就完全不值一哂、無足掛齒了（所以，自然神學絕不能與啓示神學魚目混珠）。基督信仰的客觀內容，也就是我們所說的敎義，是不應隨人的理解力或需要的改變而或有更易的。

要是上帝的啓示不能改變，人對啓示的理解又會否與時俱變呢？答案是：可以，且是無法避免的。我們的知識、經驗、成見、心態，常常會左右了對事物的領受與解釋，解釋者與他的解釋是息息相關的(這一點毋須「祭」出新解釋學的理論也很易教人明白）；所以，不同時空的我們在詮釋同一事物時都會有不同的觀點與角度，有獨到之見解，也有自己無法察覺的盲點，這是再力求客觀的人也無法完全防範的。不過，除非我們過分濫用解釋理論，把解釋者在解釋事物上的作用無限誇大，甚至乾脆連被解釋的事物是否存在、是否有固定的範圍與內容也一併懷疑；換言之，就是把文學詮釋（解釋學主要處理這方面的問題）與人的所有知識探索完全類同，故此根本沒有客觀的知識或眞理存在，一切都是流動的，即好像佛家所說的萬物皆由五蘊和合而成，相由心生：「如是一切無常有爲，從衆緣生，由思所造。」（《俱舍論》卷二十九）；否則，我們就不能認爲人理解上的差異可以如此嚴重地轄制着客觀的世界，教知識也隨意改變，無法累積和發展。這樣子的主觀主義、唯心論的知識論，除了在哲學教室內爲人侃侃而談外，對所有學科的求知工作根本起不了甚麼作用，也沒有眞正的市場。

而在神學研究上，只要我們認定神學思考和探索是有固定明確的對象（上帝的啓示），並且這個對象並不由人意而生，也不隨人意而轉，卻是永恆的上帝親自賜予的；就不致認爲人對啓示的詮釋可以主宰了啓示本身，只要上帝存在、上帝曾經（且今天仍舊）對人說話，釋經工作就不會淪爲對一份古老的歷史文獻的文學詮釋。我們相信，啓示的上帝會保守祂的啓示被人如何接收的整個過程。

撇開解釋問題不談，許多本色神學家都同樣犯上這個毛病，以爲自己有權去取捨決定基督教的內容。他們甚至訴諸文化和民族的理由，聲稱基督信仰的內容與表達均是西方的歷史產物，沒有權力限制一個現代的亞洲人對上帝作嶄新的、創造性的理解；於是乎，他們慷

（他人之）慨地放棄所有具規範性的教義和系統神學，將一切都歷史化、相對化，好重頭來搭建過。這裏我們無法對本色神學的理論作全面評估及批判，只能指出：沒有任何人有權基於任何理由（包括民族尊嚴，或實用性的，如中國人不喜歡聽這個）來將基督信仰折價。人可以自行創造新的宗教，但不能宣稱他所創造的仍然是基督教。信仰從來都不是人選擇上帝、而是上帝選擇人，不是人思考和建構上帝，乃是上帝隨己意向人啓示。正如潘霍華在《獄中書簡》對田立克等文化神學家的批評，把上帝偷龍轉鳳地變成人的甚麼「終極關懷」，就是把全能主動的上帝降格爲人隨意擺放的偶像，結果呢，上帝根本便在人間沒有位置。

回到我們的主題去：基督教是一個歷史的宗教，任何人在成爲基督徒之時，必須先承認和接受這個歷史性的信仰，沒得全面考慮，分部選擇，也不能說讓自己慢慢明白了才信。如此這般的信仰，怎麼能說不是一個重大的冒險呢？

聖經的權威

也許我們可以對信仰的冒險性問題作較深入的探討，這裏且以更正教信仰的主要內容：聖經和傳統教義爲例，來論證前面提過的結論。

先說聖經。作爲福音信仰的基督徒，我們堅信聖經是上帝的默示，是信仰的最高權威。並且，筆者更確認芝加哥宣言 (The Chicago Statement on Biblical Inerrancy) 有關聖經無謬誤的主張，是最合宜的對聖經的了解。

當然上面的一段說話有很多地方是要進一步解釋的：何謂上帝的默示？默示的形式是甚麼？是否逐字默示？這些都不能三言兩語便說明得了。而有關聖經無謬誤的主張，更是自十九世紀末開始便成了神學爭論的焦點所在，至今仍成爲不同神學陣營的主要分界線，很難在此作公允的交代。筆者在這裏要指出的卻是：認定聖經的權威，本身是一個宣信、而非理性證明的結果。我們可以就歷史的現象指出，過去有無數信徒奉聖經爲他們的信仰和生活權威，並且藉聖經對人類歷史造成深遠的影響；我們也可以就經文的內容指出，任何以爲聖經存有矛盾或謬誤的說法，都是沒有充分證據的（起碼他們的假設不是唯一的，我們尚可作別種解釋）。但是，我們總仍無法正面地證明聖經的權威性。所有從前曾爲人提出過的內證外證，無非在說明聖經出現得很早、且廣受人尊重，或聖經各卷和諧一致、預言準確、教導無懈可擊；但這些事實加起來也構不成一個邏輯的、合法的理由，證明聖經因此便是上帝的話，具有至高無上的權威。

有人論證說，聖經之具有權威，因爲它是上帝的話。但這眞的是鷄與鷄蛋孰先孰後的問題：聖經擁有權威，因爲它是上帝的啓示；但如何認出它是上帝的啓示呢？除了從閱讀者的效果（生命得着改變）去回溯其源外，最主要的證據便是它自己如此聲言。那我們爲甚麼要相信這樣的一個悖乎人情常理的自證呢？除聖經外，別的書籍文獻若作出同樣的宣稱，難道我們不視之爲狂言譫語而拒絕之？爲甚麼獨獨聖經獲得例外的優待？豈不是由於我們已先接納了它的權威，所以信服裏面所有的說話，包括這樣難以下嚥的自稱嗎？正如英國一位出色的聖經學者 I. H. Marshall 在他的著作 *Biblical Inspiration* 裏指出，最穩當地確認聖經爲上帝的話的證據，還是聖經一貫的自證（參該書導言及第一章。Grand Rapids：Eerdmans,1982）。聖經是上帝默示的，因爲聖經作者自己如此說。這是一個典型的循環論證。對基督徒而言，以上的證據自然沒有甚麼問題，因爲他根本就已接納了聖經的權威，也不存在這樣的困擾；但對一個不曾接納聖經權威的非基督徒而言，則如此的循環論證便完全沒有說服力，既不理性也不合邏輯。即使聖經作者在寫聖經時眞的認定他正得着上帝的默示（連這點我也有所保留），問題仍是：爲甚麼我們要承認他們的認定？

這裏筆者絕對不是懷疑聖經是上帝的啓示、是我們信仰的最高權威的信念；只是要指出，我們並沒有任何穩固的論證可資作爲這個信念的理性基礎。聖經是上帝的話，本身就是一個信仰的宣信，是沒法全然用理性證明的宣信。理性（一切內證外證）所能做的，是掃除一些不必要的誤解，及指出相信聖經的權威也是一個有理由的、合法又可能的抉擇而已。

那我們爲何要接納聖經的權威呢？原因是：我們藉着教會的見證，與那位曾在歷史上出現過的基督相遇，祂告訴我們祂是誰，又呼召我們去跟隨祂；而聖經正是記載及見證這位基督的一本書。並且，耶穌基督肯定了聖經的權威，教會也肯定了聖經的權威；因着基督的緣故、教會的緣故，我們接納了聖經的權威。

我們又該如何證明全本聖經均是上帝的默示，且是無謬誤的呢？答案是，我們也無法用人的理性充分地證明。這是信仰的需要，本身也是一個宣信。倘若聖經不是全本都是眞理，而是內含眞理，那麼，我們也沒法分辨出甚麼是眞理，甚麼不是；倘若聖經不是全本都是上帝的默示，而是上帝的默示加上人爲的東西，那麼，我們也沒法分辨出甚麼是上帝的默示、甚麼是人爲的東西。爲甚麼？因爲除非我們將人的理性凌駕於聖經之上，並且設定某些判別眞理與僞託的標準，又或者發明某個驗證上帝默示的方法，否則，我們憑甚麼說甲是眞理，乙不是（或甲是啓示、乙不是）？人的智慧與知識如何擁有識別上帝啓示的能力？

當然，筆者無意否定聖經的學術研究的意義，倘若我們發現聖經所記載的事件與別的歷史資料不相符合、聖經裏不同經卷有互相矛盾或重疊的記述，又或者經文似乎有着多過一個的來源，並且很可能是與古代近東的非猶太教文獻相關連……諸如此類的經文的外在及內在的問題（即高等批判及低等批判），還是需要予以正視和解釋的。但是，且別說至今並無一項强而有力的證據，可證明聖經存在着偏差謬誤，就是聖經果眞包含了不同的傳統或資料來源，也不能因此便推論說聖經是人爲的產物，在成書及成正典的過程中沒有上帝的帶領和保守。畢竟我們今天討論的是一本有固定篇幅內容、且已成爲教會正典的聖經。

持不同的態度閱讀聖經，便會讀出截然不同的結論。把上帝的啓示貶值爲人類的歷史發展、將聖經視作一本普通的古代宗教文獻的人，自然無法在經文的字裏行間看出上帝的啓示和權威，更難以尋着其內裏蘊藏着的永生之道了。聖經是否存在着謬誤性的記載的問題也是如此：對於一些表面上看似矛盾偏差的經文，我們是用放大鏡來無限誇張之，用剪刀來將之一分爲二、一分爲三（於是有許多傳統、許多作者），還是企圖和諧縫合之？不同的面對聖經的態度，便會得出截然不同的結論，所以這不是歸納性的結論問題，而是前設上的分野。

教會與聖經

聖經是上帝的啓示、是上帝的話變成人可讀的話，這是信仰的宣信。這個宣信是教會的宣信、歷史性的宣信。教會宣認聖經的眞確性，並且也按着聖經來塑造她的信仰內容和歷史發展。

教會與聖經及信仰的關係非常密切，我們是透過教會的見證來接觸耶穌基督這位信仰的對象的，並且也是藉教會的傳遞來接受信仰的客觀內容。聖經是信仰的權威，這是二千年來教會一直堅持的信念，也以此來搭建她的信仰。

從聖經成正典的過程，我們可以看出教會與聖經之間的密切關係。舊約成正典的過程暫且不談，因爲這牽涉到太多猶太教的歷史課題。新約被確立爲正典是在三世紀左右的時間，距離最後一卷作品的完成日期也晚了近二百年；雖然我們大抵知道「使徒性」(apostolicity) 是其中判別書卷是否正典的主要原則，但事實上對許多書卷爲何被列入正典名單中、或被排拒在外，我們都不清楚其過程及理由。當然我們認定整個新約成正典的過程有聖靈的保守，祂才是眞正的作者和編者；但這也是徹頭徹尾的認信，是永遠無法被證明的。我們甚至不能引用聖經來證明它自己成正典的過程全是上帝的旨意。無論如何，新約是在教會（神學上：單數，歷史上：衆數）裏形成正典的。我們在此必須接納昔日的信徒羣體的決定，認定這也是聖靈的決定；絕不能自行編纂，或再尋求聖靈作新的帶領。新約正典清單一經確定，就不能改變，昔日用以判別正典的原則與方法也統統無效。舉一個例，儘管我們知道昔日信徒主要不是依據書卷的內容，而是作者的使徒身分，來決定是否列某書卷爲正典；但在今天，即使我們能夠證實某書卷並非如傳統所說的由某使徒所寫，又或者經考古發掘出某卷並未列入正典清單、但確實是使徒遺筆的著作，也不能再按該文獻的使徒性來增減聖經的篇幅（減固然不成，增也不可以，否則就是認爲昔日教會所領受的啓示並不完全），使徒性這個判別正典的準則已告無效。所以，若有人宣稱聖靈帶領他編寫另一卷新的聖經（如《摩門經》），我們根本不用考察該本新的「啓示」的內容，便可以肯定它必然是異端。基督教是一個歷史的宗教，信仰內容是在教會內被確定的，我們必須予以尊重和接納，不可以更改取捨。個人主義在這裏是完全沒有位置的。

教義的歷史性規範

談過聖經，我們接着討論教會的傳統與教義。提到教會的傳統，有些人可能便立即敏感起來，說這是天主教的流毒：只有天主教才在肯定聖經之餘高舉傳統，咱們更正教卻是「惟獨聖經」，傳統並無任何地位。這個看法之荒謬處，不值一駁。正如我剛才指出，連新約正典名單都可以說是一個傳統，是教會在某個歷史時空約定，然後又一直爲後世所持守的。沒有一個信仰可以放棄它的傳統，這是它的歷史性與延續性的基礎，基督教自亦不會例外。

就以我們持守的信仰內容爲例，即使我們確認聖經是眞理的唯一泉源，並且聖經蘊含着命題式的眞理 (propositional truth，即有確定內容，並可辨別眞假的）；但是，我們所持守的大部分教義（如三位一體、基督的兩性），卻仍是教會對聖經的綜合解釋的成果。所有教義的建立，都是歷史性的，與當時期的神學關注、社會文化處境，及異端的產生是分不開的。沒有閉門造車的教義，也沒有不食人間煙火的神學。教義必要是教會的、歷史的。

那麼，聖經與教義之間的關係是怎樣的？原則上，教義是對聖經的整理與綜合，或作適度的演繹和引伸；故不能與聖經的明顯教訓相衝突，也不應全無經文基礎而憑空玄想臆造。但事實上，並非所有教義都是對經文的直接演繹，或者是在綜合了所有聖經的證據後唯一合法的及理所當然的結論；聖經與該等教義之間，只有歷史的實然關係，而無邏輯的必然關係。翻開教會歷史，我們便可以了解到這些教義建立的過程是如何複雜和艱辛，且牽涉了多少偶發性的因素在其中；許多被大公教會判定爲異端的基督徒，都是品格高尚、信仰忠貞的，只是他們過分推衍了某項教義的應用範圍，或執着於某個聖經原則而犧牲了其他，致被教會摒逐出正統的廟堂之外。因此，要合理化我們所繼承的教義傳統，便必須認定這些教義的爭論與定稿都在上帝的旨意內，整個過程均是聖靈的引領。並且，一如新約正典一樣，我們絕不可以從頭來過，按自己的原則和喜好重新編寫一整套的教義，也不能聲稱只從聖經汲取資料，便可建造原裝正版、沒受西洋哲學污染的純正教義（那些「復原主義者」

〔restorationists〕多聲言今天的基督教已偏離原始基督信仰，增添許多人為的因素在其內，故主張拋棄一切傳統，回到聖經去，希冀建立一個仿照使徒教會的信仰與生活。而結果卻是毫無例外地，他們對使徒行傳等聖經的任意詮釋遠較聖經作者所說的為多，此任意詮釋便構成了更危險的傳統）。沒有人可以全然抹煞二千年的教會傳統來直接理解聖經，不要說我們的聖經研究必須建造在前人的成果基礎上，就是連今天我們沿用的釋經方法，也是傳統演變出來的結果呢！更正教確立的「惟獨聖經」的原則，只是防範任何人把傳統的權威高擡至凌越聖經，或與聖經平排並列的位置，而不是要求我們拋棄一切傳統來直接從聖經獲得「亮光」（至少馬丁路德、加爾文及宗教改革運動家都沒有這樣做）。除卻那些自由心證的「生命讀經」，或原始的字面主義 (literalism) 外，真正做過釋經的人，便知道這是根本不可能的。

我再強調，以上的說法絕不是要將傳統置於聖經的地位之上（也不是平排並列），更不是說只有組織化及體制化的教會才擁有確立和辨別正統教義的權威。聖經作為上帝的道，必須成為判別一切教義及傳統的真偽的唯一標準；聖經正典縱然由教會確立，卻是上帝親自保守及促成的，故教會並不擁有聖經，也無權操縱聖經的詮釋。教會必要知道，她並不擁有聖經，卻是爲眞理所擁有（即 Hans Küng 所說的： The Church maintained in Truth)。不是教會保守了上帝的眞理不致失落，卻是上帝的眞理保守着教會，使她不致在各樣人爲的錯謬和偏差裏迷途不返。聖經仍是教會至高無上的權威。

另一個同樣可能引起誤解的問題是：要是我們過分强調教義的歷史性與持久性，是不是表示教義必須持之永久，不能因應時代的需要而改變？答案是：教義可以與時俱變，但卻不能任意竄改，更不容許突變；而所有改變也不意味着要擺脫傳統，卻是在傳統中求變 (change within the tradition)。在傳統中求變有兩重含義：第一，從橫的角度看，任何教義的訂立都不能是個人憑自己喜惡的創造，而必要是因應時代的需要，尋求教會羣體的認受；一個再新穎奇巧、石破天驚的神學思想，若果只是閉門造車的建構，既回答不了時代的問題，也得不到羣體的認同和追隨，便亦只是鑿空的胡說八道。所以，個人主義或甚麼創作自由等觀念，在修纂教義的過程上是不被考慮的。第二，從縱的角度看，能否適切時代需要無疑是建構教義的一個重要因素，卻也不是唯一或決定性的因素。基督教是一個歷史性的宗教，並不是一時一地的；神學工作者不能只對今天的教會負責，而忘卻其繼往開來的歷史性任務，他不能只關注眼前的需求如何得到滿足，而疏忽了基督交付給教會的永恆眞理和使命。因此，「本色化」並無自足的價值（若不是爲了更有效地傳遞傳統的、歷史的信仰，喊本色化來幹嗎？），更不能成爲任意廢棄傳統教義的藉口。歷史上，多少曾迷惑人於一時的流行理論，都已被遺棄在時代的巨輪之後。

教義的弔詭性

好了，我們已充分地說明了傳統和教義的必須性及客觀性。這與本書强調的信仰的冒險性有甚麼關係呢？關係可極大呢！只要我們客觀地檢視目前持守的教義，便可以察覺它們大都是弔詭性 (paradoxical)、違反人的理性邏輯的。且不說三一論的教義（一即是三，三亦是一）與基督的二性（同時是上帝又同時是人）是人的理性無法明瞭的奧祕；就是救贖論裏的上帝的主權與人的責任，倫理學中的上帝預定與人的自由意志、惟獨恩典與人的努力爲善，聖經論的主張聖經既完全是上帝的話（故每章每節皆有權威），又同時完全是人的話（故必須按嚴格的釋經方法，考究作者、受衆、寫作動機、文化背景……）等等，也統統不是我們的頭腦所能消化及明白的。基督信仰是上帝的啓示，不是人按其理性建構出來的，故此它雖然用人的語言和概念來表達，始終無法與人的邏輯理性和諧一致。與其他宗教信仰相比較，基督教的教義無疑是存在着更多自相矛盾、無法自圓其說的地方，這正是天啓宗教與人爲宗教的分野所在。基督教的教義是弔詭性、充滿張力的，它是上帝的奧祕。

許多在教會歷史裏出現的異端，都是人企圖建構出一套和諧一致的教義系統，消弭不同教義間的張力與矛盾，好使這套教義能適切人要求理論嚴謹、思想縝密的理性。而他們的做法，往往是執着於其中一方面的聖經觀念，加以無限制的推衍和引伸，意圖在這觀念的基礎上，拼合所有的教義；那些與這個觀念不太和諧、甚至好像是相衝突的聖經說法，便被他們刻意地忽略、歪曲，或者乾脆取消。以偏概全是異端的通性，而和諧一致的系統化要求是促成異端的最大動機。

這樣，我們便可以看見教義非理性、也即其啓示性的性質。所有正統教義皆是人的建構，可是卻絕不是一人獨力的作品，而是許多不同時代的人前仆後繼地搭建而成的；在這個教義建立的過程中，不少人誤墮入異端的網羅去（所以是先有異端，才有正統），他們的失足讓別的人察覺偏重教義的一方面的危機，從而作出糾正；當然糾枉往往會過正，於是又要有後繼的人予以修改。就在整個正與反往來擺動的辯證發展裏，正統教義逐漸地被確認出來。而判別教義是否正統的考慮標準，便不再是它是否符合人的邏輯與理性，或是否擁有縝密和諧的理論系統；端在於它能否涵括最多的聖經資料（也許是彼此存在着張力的），與聖經的啓示眞理相脗合。教義顯示的是上帝的理性，而非人的理性。

看，面對着一個客觀性的基督信仰，我們多麼需要有主觀的信心；聖經與教義傳統作爲基督信仰的內容，不僅沒有取消了我們運用信心的必要性，教我們以人的智慧與理性來接觸基督教，反倒是更突顯了信仰的冒險性。我們有固定的認信內容，它不是任意的，隨我們的喜好而搭建出來的，但它卻要求我們以認信的態度來接受之。從擁有具體而明確的內容而言，基督信仰是客觀的；但從要求我們作個人的皈依、認信，並委身進未知之數的冒險看，基督信仰卻又是主觀的。聖經與教義，正好反映出這種既客觀又主觀的信仰性質。

第四章

捨己——生命的去舊迎新

每個人的皈依，都是因着與基督相遇，聽到基督對他的呼召：「來跟隨我」，而作出順服的回應。我們該怎樣跟隨基督呢？基督說：「若有人要跟從我，就當捨己，天天背起他的十字架來跟從我。」

殉道的英雄感

甚麼是捨己？許多時我們以爲，捨己主要是指着拋棄身外的東西，諸如名譽、富貴、前途、夢想等；這些東西都是我們珍惜的，也是值得保存的，只是爲了信仰的緣故，才毅然放棄這些，將最好的獻呈上帝。或者我們再進一步立志，在必要時連家人和自己的生命也甘願擺上，義無反顧，在所不惜。這種捨己觀念，常常令我們產生虛幻的英雄感，以爲自己爲信仰、爲上帝付出了很多；我們之願意犧牲自己、成全上帝的心意，是何等了不起的一回事。

當然殉道精神沒有甚麼不妥當，在教會遭逢非常的危難時期（譬如初期教會面對着政治上嚴酷的逼迫），鼓勵信徒犧牲性命，持守信仰，更是要緊不過的。但是，就正如初期教會之歌頌殉道、推崇殉道士，至終發展了敬禮聖人的制度及善功的觀念一樣，過分地强調我們爲信仰所付出的代價，也會招來錯謬的思想。

撇開那些不冷不熱的信徒不談，不少對信仰認眞、事奉熱誠的基督徒，常常不經意地便會流露出一些因自我犧牲而產生的自豪感、偉大感，覺着自己爲信仰付上了很多的代價：時間、金錢、精力，甚到耽擱了他的事業前途，影響了他的家庭生活。於是乎，他自覺對上帝及其他弟兄姊妹已大概能交代過去，總之就是平均之上，合乎標準；要是碰到一些比他差勁的基督徒呢，就更容易有法利賽人面對罪人時的自義心態，對他們感到厭惡抗拒。此外，由於他已爲信仰爲教會作出過於本分應作的勞苦，所以期待得到等值的分外報酬：別人的肯定與讚賞，對他有更多尊重和遷就。所以，我們很容易了解爲甚麼信徒在教會裏參與事奉時釀成人事衝突的機會，許多時遠較他們在自己平日工作時爲多。因爲在辦公室裏他們是受薪的，故做甚麼都是理所當然的，就像僕人耕完地回家後尚要預備晚飯，且說：「我們是無用的僕人，所作的本是我們應分作的。」（路十七10）要是他們在工作上不受尊重、意見不被接納呢，那也沒有甚麼大不了，爲口奔馳，再苦也無話可說。但在教會則不同，做甚麼都不是應分的，都是委屈犧牲的表現，故自當得着加倍的敬奉與補償。要是對方不接納我的意見，那便乾脆拉倒一切，洗手不幹。基督徒在教會裏，比在社會裏更易受傷、更爲脆弱。

倘若信徒在平日的教會生活裏也可以產生捨己的英雄感，則那些奉獻自己作傳道工作的，便更容易有此種心態了。事實上，不少傳道者恆常在自豪與自卑兩個極端的心態之間徘徊，難以尋得平衡。一方面他們看自己是奉獻了給上帝的人，即使不是眞的撇下了一切，也起碼撇下了個人的職業、前途、衆人以爲美的事……，因此別人看他們很神聖，他們也看自己很神聖（英國牧師不獨讓人尊稱他是「尊敬的」，自己竟也以此來自稱）；他們是屬於上帝的，所說的都是上帝的話，所做的也是上帝的工作。但與此同時，由於他們認爲自己已爲上帝付出了太多，至少是官職與收入不相稱的緣故，很常有委屈的感覺，覺着上帝欠了他們、弟兄姊妹欠了他們；因此他們需要獲得別人各方面的優待、體諒、特殊照顧、另眼相看，以爲補償。別人做一切事都可以公事公辦，對他們就不可以公事公辦；否則就是不公道、沒有愛心、沒有敬重傳道人的心。所以他們在辦公時間內可以做各樣的私事、找朋友喝茶，甚至留在家裏帶孩子，反正他們已奉獻了所有，誰能要求他們準時上班呢？他們也可以拚命接聚會賺外快，一切都是理直氣壯的，一來他們的才幹不僅於服侍這個小羣體，整個香港都是他們的牧區；二來教會的供養這樣少，他們做一些織帳棚的工作又有誰可以說話呢？

這裏筆者無意爭辯以上的情況有多普遍，更不欲列舉任何具體例證來支持自己的說法，只欲正面地作出提醒：我們這羣在教會裏不同崗位（不管是牧職人員抑或是平信徒）事奉的人，到底有沒有這樣的委屈感覺，是否眞的覺着自己犧牲太多、付出太多，以致下意識地認爲自己的身分地位與別的信徒有所不同，要求別人給予特殊的對待：或是特別的尊敬、或是特別的優待照顧？要是眞的有這樣心態的話，便非常危險了。正如聖德蘭（St.Teresa of Avila，即大德蘭）勸戒她修院裏的修女說：那些自以爲已經犧牲了一切奉獻給主，自覺放棄了世上的名譽、富貴、地位、所有的追求的人，若在修院內，卻又不經意地尋求所有損失的補償，競逐另一種形式的名譽、富貴、地位、所有的追求，這就比沒有奉獻的人更爲可怕了。事實上，教會可以是名利場、神學院也可以是。我們可以沒有一百萬、二百萬之爭，但同時卻有一元、兩元之爭；別以爲甘願放棄一百萬的人一定甘願放棄一元，兩者絕對沒有必然的關係。每個基督徒、傳道者仍要學習施出去的心態；分享的生命並不一定是我們如今的生活寫照，卻必要成爲我們今天就立志努力的目標。

問題的根源端在於以上所說虛幻的英雄感，以爲自己爲上帝捨棄了許多。我們是否眞的爲信仰犧牲了太多東西、委屈地割愛那些値得我們寶貝珍惜的事物？且先不從信仰的角度來看，我認識好些在大學時期的同學，畢業後毅然放棄高薪厚祿的政府官員、教師等工作，跑去電視臺當助理編導，或做報館記者，工作壓力增加了，收入卻減少了一半。然而他們很快樂，從來沒有抱怨過；因爲這是他們自行選擇的路，他們覺得値得才投身進去。那麼，我們這羣基督徒、傳道人，豈非也是自己覺得信仰値得投注，才委身進去的？我們之選擇作傳道人，完全是個人的選擇，並且是認定了自己的性格、脾氣、興趣盡皆配合，做這樣的工作使我們滿足快樂，對嗎？旣是這樣，爲甚麼在投身之後又以爲自己大材小用，有委屈、犧牲了的感覺？

倘若我們從信仰的角度看，認定一切都是上帝奇妙的安排，祂在我們還在母腹之中已揀選了我們，以不同的人和事塑造和裝備我們，好使我們擁有實踐祂的計劃的資格與條件，然後在某一個時空裏，祂讓我們幸運地發現祂在每個人生命裏的計劃，而客觀的環境又容讓我們實踐這個計劃，於是我們成爲事奉者、傳道者。我們知道，這是自己生命裏最大的可能性、唯一的可能性；那麼，還有一個不作傳道人的我的可能性嗎？沒有了。這樣，我爲甚麼還要假設自己有千百個可能，有一個年賺一千萬的「我」，好與現實中年入十萬的我作比較，然後覺着吃虧了、委屈了呢？今天，我知道我是賺了：是上帝容讓我在這裏有不配的事奉的機會，是身旁的弟兄姊妹令我有愉快的服侍工作；我不用再在他們身上找尋甚麼別樣的補償；因爲不是他們欠了我甚麼，卻是我欠了他們很多，欠了教會很多，更欠了上帝很多。有甚麼委屈、有甚麼犧牲？骨子裏，我們是通賺不賠。

一無所有與無可捨棄

再把問題挖得深一點，我們要問：基督要

我們捨棄的，到底是否那些如我們所想的寶貝東西？上帝是否果眞是個心理變態的神祇，專門挑選人所珍惜的東西來橫刀奪愛，將快樂建築在別人的痛苦之上？還是，祂之要我們捨棄各種身外或身內的事物，本來就是一文不值、一無可取的？這裏且不討論那些身外物如名譽、金錢、地位等「俗物」，因爲根本不用費唇舌我們都知道它們並沒有永恆的、眞實的價值，更不應成爲基督徒人生追求的目標。我們集中思想的，是基督所眞正要求的「捨己」：捨棄我們自己！「我」是誰？「我」的價值何在？「我」是否眞的是無價之寶，故上帝要眼見心謀的强奪過去？抑或「我」不過是於己無益、於信仰有害的大包袱，故必須在奔走天路前予以卸下撇棄？

基督徒常說捨己、重生、治死老我、新造的人，但往往把這些詞彙說得異常抽象。要不是用了一些說了等於沒說的象徵，如脫下舊衣裳、換上新的（治死舊我眞如更換衣服這麼簡單就好了）來予以比附解釋；就是將之局限在倫理學上的改過遷善，即基督徒必須洗心革面，糾正昔日罪惡的思想行爲，過討上帝喜悅的生活。無疑後者是捨己重生的重要表達之一，但卻不是它的全部意義。基督徒要革去的不僅是我們視爲罪惡的東西，諸如偷竊、打架、說謊等，也包括我們從前視之爲正義、合理、有益的東西。正如保羅所說的：「只是我先前以爲與我有益的，我現在因基督都當作有損的。不但如此，我也將萬事當作有損的，因我以認識我主基督耶穌爲至寶。」（腓三7～8）在相信基督以後，我們重新發現自己，調校人生的理想目標，替換了新的價値觀和善惡標準；然後，我們看見過去一直堅持、引以爲榮的美德善行，在基督眼裏都不過是塵埃糞土，都不値得保留，必須棄如敝屣，視若草芥。重生的關鍵性含義，便是視昔日我的種種（不論善惡）爲已死之物，然後藉聖靈的幫助，尋求脫胎換骨，徹底的更新。而這更新絕不僅限於倫理上，也包括我們的知識論與世界觀；總之是從裏到外，無一豁免。捨己就是生命的去舊迎新。

筆者就有限信仰經驗所體悟出來的一個結論是：除非我們由衷地認識到自己原來一無所有，所有的也不值一提，否則無法甘心樂意地接納聖靈在我們生命裏的拆毀和建造。我們要不是明顯地抗拒聖靈的拆毀，就是悄悄地將該被毀去的東西，用另一種屬靈形式的包裝來予以保留（這樣子的借屍還魂，即以聖經金句或上帝旨意來美化掩蓋自己眞正動機的做法，例子可不勝枚舉呢！）；又或者，即使我們口裏說將所有奉獻給主，心底裏仍有太多不甘心和委屈的感覺，覺着被上帝、教會、別的弟兄姊妹虧負了，如此便如前文所說的，一方面產生虛幻的殉道士的英雄感，另方面也會尋求各樣形式的補償，叫自己不致過於吃虧。所以，惟有我們首先認識到自己的有限、無有、無能，否則難以成為一個新造的人。

自卑的覺察

陶恕博士 (A.W. Tozer) 曾說過，基督徒若非曾經被上帝打敗，無法成為成功的人；我們若果沒有在雅博渡口與上帝摔跤而落敗的經歷，便不會像雅各般厚顏又自卑地向上帝乞恩（參創三十二22～32）。這實在是非常有智慧的洞見。委實地，沒有自卑心態的人難言眞正的謙卑。我們若不是眞的覺着知識有限、能力有限，則對別人的退讓要不是虛偽的客套禮貌，便是更深度的驕傲所流露出來的不屑（我怎麼會與一個在食肆大放厥詞的無識之士討論史學問題，這不是自降身價嗎？通常我都會有涵養的以微笑回報，但這微笑絕不等於對對方存有敬意）。我們必須要在上帝面前發現自己的鄙陋與不濟，脫去鞋子俯伏在地，呼叫「禍哉我滅亡了，因為我是嘴唇不潔的人，又住在嘴唇不潔的民中」（賽六5）；並且，從祂的榮耀尊貴中嚴重地挫敗個人的自尊自信，像約伯回覆上帝所說的「我是卑賤的，我用甚麼回答祢呢？」（伯四十3）。只有這樣，我們才被上帝徹底地打回原形，拆毀了過去以各樣的文憑學位、成就才幹所堆砌出來的自我形象，從而照見自己可恥可憎的罪惡本相，「因此我厭惡自己，在塵土和爐灰中懊悔」。我是誰？我有甚麼價值可言；我還可以拿甚麼來與上帝討價還價？窮盡我所有來獻呈上帝，也不過如野人獻曝般無聊可笑，到底還算不算是奉獻？更如何能談得上是犧牲？與我們所領受的恩典相比較，我們究竟有沒有犧牲過？

這樣對自卑的覺察，將使我們心悅誠服地接受上帝的拆毀與重建（還抗拒甚麼，能夠脫胎換骨，歡喜也來不及呢！），並且感激流涕地領受上帝的差遣與安排（再沒有甚麼是大材小用）。像保羅所說：「在罪人中我是個罪魁。然而我蒙了憐憫，是因耶穌基督要在我這罪魁身上，顯明祂一切的忍耐，給後來信祂得永生的人作榜樣。」（提後一15～16）以上絕不是謙卑之言，保羅確實地是在上帝跟前自卑呢。自卑是甘願被上帝改造生命的先決條件，也是被上帝差遣使用的先決條件。

怎樣才能真切地發現自己的無知和無能，如何學習自卑的心態，以致我們能在上帝面前俯首稱臣，卑屈地接受祂的生命重建工程？筆者發現，要在理論上證明金也空、銀也空、一切盡皆虛空捕風並不困難，反正這個說法已成爲教會內的標準答案，即使個別信徒心底裏不很認同，也不敢說出口來駁斥的；但是，要我們由衷地承認自己的一切，包括自己在內，都絲毫不值得留戀，完全沒有價值，就非常困難。除非我們有像保羅在大馬色那樣驚心動魄的屬靈經驗，否則很難一蹴而就，立即便徹底地否定自我（就是保羅也還是要恆常以「攻克己身，叫身服我」來自勉呢！）。治死舊我是一個艱苦又漫長的過程，每個人的經歷都不一樣，並無任何固定的模式，但總不會有短途捷徑。

在過去的信徒經歷裏，有兩個功課是恆常幫助筆者建立自卑感，叫我在上帝面前謙卑俯伏的，值得在這裏推薦給各位讀者。它們是：在恩典裏發現自己是個罪人，和在實踐中體驗自己的無知無能。

在恩典裏發現自己是個罪人

首先我們講第一個功課：在恩典裏發現自己是個罪人。認罪實在是改造生命關鍵性的第一步，沒有對自己是罪人的深刻了解，就沒有離開黑暗、奔向光明的迫切感；因此，過去那些相信重生是一個皈依後的特殊屬靈經驗的人，多數會教人徹底而仔細地在上帝面前，宣認從前生命裏所犯的每一條罪，好對上帝產生深切的懊悔心；而絕大部分的神修操練，也會以默想基督的恩典，及自身的罪惡污穢來入手，催使我們立志遠離世界，追隨基督。不過，以上的做法多數是把認罪集中（要不是局限）在靈性操練的前奏，就好像我們常常誤以爲，認罪僅是由非基督徒轉變爲基督徒那個過程中才要做的事，對基督徒（若果沒有犯錯）的重要性並不太大；並且，他們所提的罪，大抵都是指着思想或行爲上的過錯，諸如殺人、偷盜、說假見證、貪婪等。這些均與筆者所說的認罪不大相同。

甚麼是罪？無疑殺人、偷盜等都是可見的罪行，但聖經所說的罪卻不僅止於此，罪的更深一層的含義是指着與上帝的關係破裂、叛逆祂、不遵從祂的吩咐而行。亞當在伊甸園的悖逆上帝、妄想擁有上帝般的智慧，好獨立於祂之外，就比觸犯禁令、誤信讒言誤吃禁果更爲可惡，而罪也便是因一人的悖逆（而非吃禁果）而進了世界；同樣地，保羅在羅馬書一章26節開始列舉外邦人的種種罪行之前，首先便指出他們不拜眞神、不以上帝爲上帝，才是一切罪行的根源。殺人、偷盜固然是罪，但罪的關鍵卻不在於這些表現，而在於拒絕承認上帝，也不以祂當得的尊榮來服侍祂。所以耶穌在世上時，從來沒有直接指控稅吏淫婦等罪人所犯的罪行，祂甚至說到世上來的主要目的就是爲了呼召此等罪人；但對於那些自以爲義而又拒絕祂的法利賽人，耶穌卻絲毫不客氣，用最嚴厲的言辭來譴責他們。「因爲上帝差祂的兒子降世，不是要定世人的罪（按：即指各樣的罪行），乃是要叫世人因祂得救。信祂的人不被定罪，不信的人，罪已經定了，因爲他不信上帝獨生子的名（按：這才是最大的罪！）。」（約三17～18）

對基督徒而言，這個對罪的定義的理解，有非常重要的意義。信主多年，儘管我們都還不曾（也永不會）臻至完美，常常仍有惱恨、嫉妒等罪惡的思想和行爲發生，但大致上應該不會犯上殺人、偷盜等大罪，行事爲人也較未信主前改善了很多。倘若從觸犯明顯的罪行的數目來評估，我們可以算得上是好人，沒有太多要認的罪。但事實上，基督徒果眞沒有罪可宣認嗎？不然！要是評估的標準不是罪行，而是我們與上帝的關係，及是否遵行祂的旨意，則我們將可看到自己永遠離開標準甚遠，我們仍是罪人。耶穌基督爲那些要作祂的「眞門徒」的人下了兩個定義：⑴愛祂、⑵遵守祂的命令，此二者也便成爲判別我們是否犯罪的準繩。我們也許沒有殺人，卻依舊惱恨弟兄；沒有偷盜，卻仍有貪婪；這些表現，在嚴重程度上當然有大差異，在本質上卻分別不大。沒有人可以說他對上帝的愛已足夠，更沒有人能坦言無懼地說所行一切盡皆合上帝的心意，因此，我們仍是罪人。

也許有基督徒會抱怨，上帝是否把罪的定義定得太寬，教所有人無法逃遁；又是否把義的標準定得太高，以致根本沒有人能及得上？就好像耶穌說的有人打我們的右臉，連左臉也轉過來讓他打；不還手已是涵養甚深、情至義盡了，再讓人多打一次，不是無理取鬧嗎？上帝這樣做，一方面是全無誠意叫我們努力做好，另方面更會嚴重地挫敗我們行善的決心；反正再攻克己身也是無濟於事，達不到要求，那爲甚麼我們不乾脆放棄，承認自己是罪人、也永遠安於作罪人呢！

我告訴你們，上帝無疑是把義的要求定得極高，超乎人的能力所能及的地步（祂是至聖者上帝呢！）；但是，祂卻從來不是藉着對人犯罪的指控和審判，以鞭子和叱罵來勉强我們忍受那綿綿無絕期的鍛煉，反而祂是用着爲我們所施行的恩惠感召我們，激勵我們，教我們不敢停駐於目前的境況，而必須勉力追隨祂，以爲回報。

蒙恩與認罪

我們常常誤以爲認罪是領受上帝的恩典、成爲基督徒的先決條件，沒有認罪就不能蒙恩，這是完全錯誤的想法。聖經給我們看到的是：永遠先是上帝對人施行了恩惠，才對人有認罪的要求；先是恩典、後是認罪，這個次序絕對不能調轉；福音之爲福音、不是「禍音」，也是在此。在舊約裏上帝在與以色列民立約，對他們有所要求（如頒布十誡）之前，必然首先告訴他們祂曾爲他們施出過恩典（出二十2）；而在新約，耶穌所呼召的所有門徒，在認罪悔改、跟隨祂以前，也必定經驗過耶穌向他們所施的恩。耶穌從來沒有定他們的罪，但他們卻在恩典裏深切地發現自己的罪。耶穌沒有提過稅吏撒該的罪惡，但撒該在得知耶穌紆尊降貴要到臨他家裏住宿時，便毅然承認過去所犯的衆罪，立志悔改（路十九1～10）；耶穌也沒有提過彼得所犯的罪，但彼得卻在認定耶穌爲他特別施行了一個神蹟，上帝的恩典竟然如此排山倒海般傾注在他身上時，便立即俯伏在地，說：「主啊離開我，我是個罪人。」（路五8）保羅在未認識主以前，從來不覺得自己是個罪人，甚至在他信主以後回想從前的所作所爲，也認爲在那個時候如此做並不算錯。「就熱心說，我是逼迫教會的；就律法上的義說，我是無可指摘的。」（腓三6）作爲一個法利賽人，要追捕那些宣稱一個罪犯爲上帝的人，有甚麼不對？但是在領受了基督的恩典以後，這個自信極强、良心無虧的人竟然發現他從前以爲與他有益的事，原來都是有損的，他是罪人，且是罪人中的罪魁。保羅的認罪也是在領受了恩典之後。

認罪在恩典以後，這豈不也是我們日常的經驗嗎？正如筆者曾寫過的：我怎麼知道自己不是一個好的傳道人？那是當我在教會裏經歷了弟兄姊妹們的信任與寵愛，知道自己達不到他們的期望、滿足不了他們的需要後，才有强烈的虧欠感覺；我怎麼知道自己不是一個好的教師？當我在神學院裏聆聽一位同學對我傾心剖腹的自白，而又自覺不配知道這些東西時，便覺着自己的無能與限制；我甚麼時候覺得自己不是一個好丈夫？當然不是跟太太吵架之時（那時我只會無限自義，認定對方虧負了我），而是當我們感情融洽，在她爲我的遠行默默收拾行裝的時候，我最感受到自己的不負責任。毋須別人來證明我不是一個好傳道人、好老師、好丈夫，在恩典面前，我早已給自己證明了（參拙著：「我是個罪人」，《生命雜誌》369期，1990年6月，頁34～37）。

這樣對罪的體認，當然與未信主前所犯的罪行不一樣。從前的認罪，是因觸犯上帝的明確誡命，做了一些不該做的東西；如今所說的認罪，則是在上帝的恩典面前發現自己的不配與虧欠，知道自己沒有達到與上帝關係內應盡的本分，也離上帝的期望甚遠。前者的罪是律法上的，後者的則是關係上的。天主教稱前者爲下等痛悔，即因懼怕下地獄受永刑而悔改；後者則是上等痛悔，純粹因愛上帝而惱恨自己的罪污。就像我們少不更事時，僅因害怕給父母杖責而做乖孩子；到長大成人懂性以後，知道自己領受了父母莫大的恩典，就沒有外在的威嚇也千方百計地反哺回報。

假如我們認定自己生活的每一個片斷都是上帝的恩典，是上帝的奇妙恩膏保守我們有今天的一切，我們就越發體會對祂的虧欠，在祂面前我們永遠不可以說已做夠了、扯平了，因爲我們永遠是負債者。

信主十多年，我從來沒有像如今那樣覺着上帝全備的恩惠，也沒有像今天那樣發現自己是個罪人。這個罪人的確認，教我知道我永不可以在上帝或在衆人面前趾高氣揚，論斷人家的不是；更不可以對上帝說我「已經得着了、已經完全了」。我的明天要比今天爲佳，我的應然遠比實然爲大；這並不是上帝無理取鬧，把過於我能承擔的重擔加在我的肩頭上，卻是「原來基督的愛激勵我」，叫我天天向上，努力進取。我知道，任憑我做得再好再多，也還是與所蒙的恩不相稱，因此絕對不敢有絲毫委屈犧牲的想法，更沒有甚麼殉道士的英雄心態。我是誰？不過是個蒙恩的罪人吧！

在實踐中體驗自己的無知無能

第二個幫助我們體驗自卑的功課，是在實踐中體驗自己的無知無能。這個思想並不是甚麼原創性的發明，蘇格拉底 (Socrates) 在他的晚年時曾宣稱，他所知的原來是一無所知，說的便是相類似的話。不過對基督徒的我而言，要親身經驗自己的有限，倒仍是非常痛苦艱辛的。

基督徒其中一個最大的掙扎，是在知識上的欠缺。他對周遭所發生風起雲湧變幻莫測的事，無法提出一個既不簡化了事物（統統撥歸撒但的作爲）、也不取消問題的眞實性（除傳福音外，別無關懷），但仍具解說能力的理論結構，好爲人提供一個安身立命的處所，以及面對未來的指導。所以，筆者非常抗拒別人問及對一些政治時事問題的神學解說，譬如說基督徒該如何看「六、四」、如何理解波斯灣戰爭、蘇聯巨變……。要給予一個純粹個人性的分析倒沒有問題，但要提供穩妥的聖經立場，而不夾雜自己的政治偏見在其中的，便非常不容易了。上帝又沒有告訴我祂的看法，我如何能夠知道甚麼事才是正面地配合着祂的歷史發展藍圖（而非一個歷史的逆轉）呢？許多時我都只好坦白地告訴來訪者我不知道，但對方則常爲一個神學院教師的無知而感到驚訝。

不僅是在理論知識方面如此，就是在生活的經歷方面，也恆常地暴露了我的有限與無知。生命實在有太多奇妙巧合的地方，生老病死、悲歡離合，多數是在人的措手不及中便猝然發生，教人在感情上難以接納和適應。基督徒若拒絕用命定論 (determinism) 來解說一切，不以命運來作爲所有不幸事故的原因，而必要用上帝旨意以爲取代的話，那便很難讓人心悅誠服、心平氣和了。苦罪問題往往便由此而生。我們縱然可以在護教學的課堂上用縝密的理論來擺平苦罪懸謎，力證即使存在着許多無端的苦難、上帝仍是既仁愛又全能的；但是這樣的神義論 (theodicy)，對現實生活裏，那怕只是一個小子的不幸處境，還是沒有解說能力。

在信主之初，我們尚可以將自己的無知歸咎於經驗尚淺、讀經未勤、對眞理認識不足夠，並且期望有一天無知的情況可以得到改善，以致我們能對宇宙人生掌握到解釋一切的鑰匙。但信主久了，漸漸便發現無知的我們仍然不過是無知的我們，並無因着信仰經驗和知識的增加而有太大的改善，反倒是更確實更眞切地體會到無知的現實。無知並非人的偶然性情況，卻是源於人的本體，是無法改變的。人是人，人是有限的存有。正如耶穌所說的：「我還有好些事要告訴你們，但你們現在擔當不了。」（約十六2）上帝的啓示如果有任何欠缺，都不是由於祂的軟弱，卻是因着祂憐恤我們的軟弱，懼怕我們對祂的眞理無法消化，難以承受。

「但你們現在擔當不了。」這句話豈不是我們的眞實寫照？我們活在具體的時空之中，承受着各種身分爲我們帶來的喜怒哀樂。我們既不忘情又非無情，就免不了有許多理性上的「無明」和感情上的偏執。多少時候我們在碰着一些自覺不能接受的不公義事件時，向上帝揮拳要求祂重重的懲治惡人；但在事後較爲全面地了解眞相後，卻又慶幸上帝沒有垂聽我們的禱告。多少時候我們會受困於各樣的得與失（物質上、感情上），苦苦糾纏而難以釋脫；生、老、病、死、怨憎會、愛別離、求不得、五盛陰此八苦，又豈是佛教徒所獨有？「不要告訴我人人總有一死，總之我的愛人死了，我就和上帝過不去，再也不要跟隨祂了!」這樣子的晦氣說話豈不常出自我們的口中？要是我們果眞成爲眞理的擁有者和詮釋者，不知會有多少錯謬罪惡要從我們手中製造出來呢！「然而不要照我的意思，只要照祢的意思」，這不是虛僞的謙卑說話，而是由衷的自卑祈禱。我從不向上帝妄求「心想事成」、「從心所欲」等事。

我們無法擔當眞理，也不曾擁有全備的信仰知識，只是與其他活在同一時空的人們一樣，匍匐在地上，摸索前行。我們不過是有限的人，擁有幾乎等於無知的些微知識，需要在全知的上帝面前噤口不言。以上的感受，是每個走出他的神學象牙塔、睜開眼睛觀看世界的基督徒，都能體會共享的。

實踐的限制

除了知識上的欠缺外，我們在實踐中也同樣體驗自身的無能。關於這方面的體驗可資校學的例子就更多。事實上，任何對未來有理想、對自己有要求的人，都會切膚地感受到理想與現實之間的差距；許多美麗新世界的夢想，都只能存在於烏托邦之內，無法兌現於現世間。妥協作爲現實世界的遊戲規則，不僅是政治的金科玉律，就是其他層面的生活（包括教會在內），也完全適用。當然，這裏我並非悲觀地認爲人類社會會因此便停滯不前，所有理想皆須拋棄，人只能隨波逐流，向醜惡的現實徹底棄械投降。不！歷史還是會向前（而非循環往復）發展，社會仍然在不斷進步；只是我們不能性急地期望那可能實現的美好將來，會在我們的手中夢境成眞，必須甘心接納自己不過是一個過渡時期的人物，扮演鋪砌墊腳石的角色。而在理想仍然遙不可及的當下，我們務必要學習如何在理想與現實的張力下生存，一方面不能脫離現實，只顧空想，甚或放棄奮鬭，玉石俱焚；另方面也不要被現實完全同化，成爲理想無法兌現的另一塊絆腳石。

上面所說的也許只是老生常談，是每一個由理想主義的青年期邁進現實主義的成年期的人都曾經歷過的（我念書的時候有一個說法：二十歲時若不是共產主義者，便是卑鄙庸俗的人；但至三十歲時仍未變爲資本主義者，也就太冥頑不靈、食古不化了）。不過，作爲基督徒的我們，卻在這個常識的基礎上，進一步發現一個冷酷的事實：「我」除了是歷史前進的推動者外，也是妨礙世界有所突破、自我有所突破的主要因素。在建制以外，我們可以正義凜然地控訴別人的腐敗不義；但走進建制以後，才逐漸發現自己也未能免疫於腐敗的命運之外，我們也是腐敗者的一員，昔日沒有腐敗的自覺，僅是由於我們仍在建制以外，未有機會表現出此方面的潛能而已。

或者我們不應把討論的層面提得太高太玄，還是從個人方面談起吧。每一個眞誠要改造自己性格的基督徒，都一定會經歷過一條既艱苦又漫長的鬬爭。那怕是如易怒這樣一個性格上的小污點，要洗刷去掉也得作經年累月的埋身肉搏。每天早上立志今日不對人亂發脾氣，晚上跪在牀前爲若干的小成感恩、更多的失敗認罪，然後翌日又再重複如是的循環。這個循環可以綿延三數年，甚至十數年。當然靠着聖靈的幫助，我們對付舊我一定會有若干的成效；但必須承認，很多時候我們尚未等待至革命竟功，便已氣餒放棄、接納現狀了：「算了吧，江山易改，品性難移，反正我已算是衆人之上，不過不失了，還努力改來幹嗎！」筆者在教會十多年，碰到十年如一日的堅持鍛煉自己性格的基督徒，實在是少之又少；許多要不是接納現實，對自己的罪過痲木不仁、無動於衷，就是進一步予以美化，用各樣屬靈的藉口來加以掩飾（人總是沒有完美的、聖經裏的大衞與彼得等都有犯罪呀、上帝的能力在輭弱的人身上更顯完全……，諸如此類）。

一個愈逼切地要求改造自己的人，必然會愈加體會到自身的無能；倘若他仍然堅持下去，只是因爲他知道上帝並未絕望，仍願意他繼續努力，故必須對自己懷抱期望。就像耶穌沒有爲彼得的不跌倒而祈禱，卻爲彼得之在跌倒後能重新爬起來而祈禱：「但我已經爲你祈求，叫你不至於失了信心。」（路二十二32）因爲上帝對我仍有期望，所以我沒有權利放棄，說自己再無改善的可能；並且，我之繼續努力，並非我對自身能力尚有一點信心（保羅說的「我覺得有個律，就是我願意爲善的時候，便有惡與我同在」是我們切身體會過的，參羅七21），反倒是對上帝的大能大力充滿信心，知道若是祂願意，神蹟便能在我的生命裏出現。

在與人相處的過程中，我們同樣感受到愛人之不可能，憑着自己我們並沒有愛人的能力，立志與踐行之間仍有一段難以逾越的距離。不過由於下一章將討論到羣體生活，這裏就暫且打住。

在實踐中體驗自身知識上的限制、能力上的限制，常常令我們從種種的自我假象中釋放出來，照見眞實的我的模樣。一如在恩典裏發現自己是罪人一樣，這個功課也幫助我們打回原形，認識自我的鄙陋。這樣，我們便能誠心實意地在上帝跟前俯伏，接受祂在我們生命裏的計劃和重整，說：「耶和華啊，請說，僕人敬聽！」（撒上三9）捨己與生命的去舊迎新，就是這麼一回事。

第五章

教會——信仰的羣體表達

教會與基督信仰

基督徒不是孤立在天地間，與一位渺冥玄祕的神祇相遇，乃是與那位在二千年前曾道成肉身、改變了人類歷史的耶穌基督邂逅；而他之所以能與上帝相遇，除了是上帝親自來呼召他以外，也是透過其他基督徒的引介，因此，他是藉着教會所傳遞的福音來經驗上帝的。與此同時，他毋須（亦不能）獨自地尋索如何詮釋個人的屬靈經歷，詮釋的鑰匙也在福音之內。換言之，他必須接受自使徒開始、一直傳遞至今天的客觀信仰內容，然後以此來作爲透析個人經歷的解碼器。就好像保羅在大馬色路上遇見基督以後，還是需要找着主的門徒亞拿尼亞等，在他們門下學道，以便明白他所經歷的到底是怎麼一回事。經歷多數是個人性的，但詮釋經歷卻必須是集體性與歷史性的（或更準確地說，是福音性的）。

單就這一點，我們已看到信仰的羣體性意義：福音的傳遞，是由使徒開始代代相傳的教會所負責執行的；而客觀信仰內容，也是藉教會的謹守與闡發而得以延續至今的。基督並沒有遺留一部從天上掉下來的神聖文獻，然後離開世界，祂自己甚至沒有片言隻語的著作，藉文字來見證、傳揚，和規範祂所創立的新宗教；祂卻是選擇遺留一羣祂在世時親自呼召、挑選及教誨的門徒，讓他們成爲基督的見證、福音的傳揚者、眞理的規範（正如第三章所指出的：早期教會視使徒爲一切權威的所在，使徒與眞理幾乎成了同義詞）。基督沒有建立正典聖經，卻親自建立了教會，並藉着祂所差遣的聖靈的幫助與監護，聖經與正統教義才逐漸在教會之內發展及確立下來。可以說，教會是盛載福音的器皿、傳遞福音的工具、維護福音的堡壘，教會離不開福音，福音也離不開教會（弗三10）。

這樣說是不是把教會的地位過分高擡了呢？要看我們如何定義教會一詞。倘若教會是指着基督的身體、基督的新婦、基督的房屋（聖經裏有上百個象徵來描述教會，但沒有比這三個更爲要緊的）的話，則她是永遠不會被過分高擡了的，我們笨拙的口如何能過分溢美地誇讚了基督的身體呢？基督是教會的元首，教會是完全屬於基督的；「二人成爲一體」一語常在婚禮中應用，但保羅卻聲言這原來是指着基督與教會的密切關係（弗五31～32）說的。所以，我們不能分割基督來單獨論述教會，教會的一切也都是基督的一切，畢竟這是祂捨己的對象呢！不過，要是我們把教會理解爲人間的一個社會組織（宗派、堂會），或某段歷史時期的顯現，則我們當可發現人間組織永遠無法臻至完美，歷史也充滿着偏差謬誤，有限的人始終不能將上帝的奧祕、聖經的理想活現出來。今天我們可以磨刀霍霍地力斥中世紀天主教的錯謬（更正教的傳統倒是踏着他們的錯謬經修正而來的），他朝的基督徒也同樣會爲我們的思想盲點、行動計慮不周而搖頭歎息。如此，我們也不應把人間的組織予以絕對化神聖化，視教會爲福音的化身、眞理的代言人。

要平衡上述兩個對教會的理解，簡單地否定任何一者爲教會都是有問題的。拒絕聖經描述的教會理想，只會令我們毫無保留地接受現實，甚或將現實美化，把有限裝扮成無限的（人總是有製造偶像的傾向）；拒絕現實的教會則會教我們變得不切實際，失落了所有理想的兌現能力（所有排斥傳統另起爐灶的人，最後還不過是開創另一個傳統）。教會既是基督的身體，又是人間的組織，她既完美又有錯誤；她一方面是將來的預表，另方面則是現世的存在，就好像基督的神性與人性並存一樣，教會也並存着此世與來生的兩重性質。套用神學上的說法，教會具有「已經又未曾」(already and not yet) 這種末世性的特性，就是說她既是尚未臻至完美的現實（未曾），又是將來必要實現的完美者的預顯（已經）。雖然我們不一定喜歡奧古斯丁神學裏過分濃厚的希臘二元論氣息，但他的二重教會觀，卻仍是至今對教會一個平衡而穩妥的解釋：教會既是現實的組織（他肯定現實的組織的價值，駁斥分裂教會的做法），但又是超現實的屬靈團契（不像麥子與稗子並存的現實組織，屬靈團契乃是由眞實信徒所組成的）。

教會的個人信仰

教會與我們的信仰有甚麼關係呢？關係可非常密切呢。前者提到的我們藉教會的傳遞信仰而皈依、我們藉教會的教導來詮釋個人的信仰經驗，還不是最要緊的連繫；最重要的是：我們被基督呼召進教會這個信徒羣體之內。信仰的起點是個人性的，我們單對單地與基督相遇，為祂所呼召，並且是個人對祂的呼召作抉擇。但是，基督的呼召本身卻兼具個人性與羣體性兩方面的要求：祂一方面要求我們個別地跟隨祂，重整自己的生命，承接祂交付的福音使命；但另方面祂卻又要求我們加入教會，並在這個場景之內實踐以上的個人性要求。我再說，我們的跟隨基督、重整生命，以至承接福音使命，都必須在教會的場景內方能實踐。

先從跟隨基督談起吧。信仰並不是個人理想抱負的延伸，上帝不是我們自己的終極關懷，天國也不是我們對未來憧憬的化身。一切個人性的信仰要求，都必須踐行在教會之內；而教會也就是唯一合法的實踐個人信仰的場地。離開教會，所有個人性的信仰實踐都淪爲人的自我實現，信仰（以上帝爲中心）也被扯落凡間而變成宗教（以人爲中心）了。上帝要求我們個別地跟隨祂，但祂對我們的心意，卻早已顯明在過去數千年間、祂對人類所作的啓示裏面；透過聖經、透過教會對聖經及教義所設定的規範，我們了解跟隨基督的具體含義、信仰的客觀內容。我們不能假設上帝從來沒有對人說過話，而僅在今天才開始向我們說話；也不能狂妄地抹煞祂所曾經說過的話的實在性，聲言由於它們不是首先針對我們而說的，所以對我們無效；更不能期望昨天今天直到永遠都不改變的上帝，會對我們說一些與從前的啓示完全相反的話，好顯明我們的與衆不同。不！就算聖靈今天對我們啓迪，也絕不會推翻過去上帝藉基督所完成了一次過的完備啓示，不會對這個啓示的內容作任何增損，而只會開我們的眼睛，讓我們明白那昔日的啓示如何適用在今天的處境裏，叫客觀的、歷史性的信仰變成爲主觀的、實存的信仰。離開教會及她所持守的眞道，沒有人知道如何跟隨基督。

同樣地，上帝要求我們重整生命，這個重整工程也主要實踐在教會之內。這裏我們暫且按下世界觀、人生觀、價值觀的改換不談，單就倫理道德上的更新來討論。基督教的道德重整，並不等同於儒家的正心誠意修身齊家，也有別於道家的內丹與佛家的修持。分別在甚麼地方？主要不是在德目的內容上（你會爲各種宗教在道德教訓上的相似程度而驚訝，諸如：忠孝、仁愛、信義、和平，與推己及人等，基督教與儒家的教導並無太大差異），而是在實踐的方向與目標上。基督信仰的倫理觀與其他主要的宗教或倫理學說最大的不同，是她並不認爲人的自我完成是倫理實踐的目的，更不會把踐行各項德目（如孝敬父母，尊重師長）視作個人成德（內聖）的手段；所以，說得魯莽一點，要是不能「兼達天下」，「獨善其身」也沒有甚麼價值（改革運動家之拒絕中世紀的修道主義，正是基於這個論據）。因爲，基督信仰不但沒有鼓吹我們培育個人的德性或佛性，好使自己臻至道德完人的境地，更是從根本上取消了人有成爲道德完人的可能性。人不可以爲堯舜，也不能成佛（那些把「效法基督」魚目混珠爲「人人可以爲基督」的說法，完全是胡說八道！）；人是無德可修、無功可積、無業（佛家所說的「業報」）可消、無災可解的，一切「惟獨恩典」。如此，基督徒的踐行德目，除了是遵從基督的吩咐外，嚴格地說對自己是沒有甚麼直接的好處的（聖經裏唯一一條「帶應許」的誡命是孝敬父母）；踐仁盡義的目的不是爲了個人，其究竟卻是爲了別人的好處。愛是基督教的倫理總綱，而愛正是以上帝爲中心、以他人爲中心的，個人主義並無任何位置。從這個角度看，基督徒的道德重整絕不能單獨地躲在深山幽谷裏進行，卻是要走在人羣中，落實在具體的對象身上；而教會也便成了基督徒生命重整的主要實踐場景。下面我們還會繼續探討這方面的關係。

至於承接及遵行基督的福音使命，與教會之有不可分割的關係，就更加是明顯不過的了。基督的福音使命，本來就是祂在離世前親自授予衆使徒的。無疑，基督對某些使徒可能會特別疼愛（如約翰），或予以特殊的期望

（如彼得，參約二十一15～19），也有一些使徒（如保羅）在推展福音使命的過程中扮演了較爲關鍵性的角色；但是，總沒有任何一個人可以壟斷整個大使命（太二十八18～20用的全是衆數的第二人稱）。基督個別地呼召他們，卻不是讓他們各自爲政、獨立發展自己的事工，而是要他們彼此配搭、互相分工，每個人都貢獻自己的託負和長處，使基督的國度能更有效地擴展。因此，基督徒絕不能脫離教會來踐行福音使命，所有恩賜都必須應用在教會之內，「爲要成全聖徒、各盡其職，建立基督的身體」（弗四12）。人的才幹、智慧、能力都有限，沒有人能獨力挑起福音使命；基督按才分工，自然也不會把所有責任都推在一個人身上，因此，一個人必須與其他擁有不同恩賜抱負的基督徒配搭，是基督早已預計到的，並且也惟有這樣他才眞能發揮自己所長，完成他蒙召受委託的福音使命的部分。我們可以說，沒有人擁有自己的天國事業，沒有人有權在福音使命裏劃定他的勢力範圍，拒絕別的信徒介入和協助；他需要弟兄，正如弟兄需要他，他需要有不同恩賜的弟兄的教會。

團契生活

基督徒被基督呼召進教會，在那裏實踐他

個人的信仰，而教會乃是他的信仰生命得以延續生長的保育器。要是信仰對人而言是上帝的恩典，那教會也同樣是上帝的恩典。潘霍華在他著名的《團契生活》裏，說的正是這樣的話。他指出：「上帝准許我們與基督徒弟兄生活在團契中，那是恩典，除了恩典之外，再沒有甚麼了。」（單倫理譯，香港：基督教文藝出版社，1972，頁4）這段說話是否誇張了呢？沒有！

我們在平日結交朋友，多數是逕自個別地尋覓的。我們認爲對方與自己脾性相近、志趣相投，對事物有較接近的看法，計算下覺得這個人值得交往下去（當然對方也必要有相同的感受），於是主動地與之結交溝通，漸漸稔熟而成深交知己。但教會的弟兄姊妹則不然，沒有人是有權利去選擇他的弟兄的。還記得我們第一次踏進教會的大門口嗎？當主席把我們引介到衆人面前，彼此互作介紹之後，主席便當衆宣布說：「以後我們就是一家人、弟兄姊妹了。」在我們還未曾個別談話和交往以先，我們便已經是弟兄姊妹了；因此，與結交朋友不同的是，弟兄姊妹永遠不是個別地認識，而是大批發地作身分的轉換；其次，結交朋友的過程是先有認識，後建立關係，但弟兄姊妹卻是先有關係，才尋求認識。更重要的分別是，朋友是我們自行找回來的，而弟兄姊妹則不是由我們自行選擇（如同我們無法選擇自己的親人一樣），卻是由於我們共有一位天上的父親，是祂把我們的生命揉合在一起，祂為我們作了選擇。正正因為基督徒的羣體生活是不經我們的選擇，而是上帝親自給我們安排了，所以這是恩典、不折不扣的恩典。弟兄是恩典、團契是恩典、教會也是恩典。

教會是上帝的恩典，這是每個基督徒都應該經歷到的事實。在教會裏，我們沒有權利選擇弟兄，別的信徒也沒有權利拒絕我們；活在同一屋簷之下，我們註定要彼此交往、互相愛顧，就像昔日經父母之命而撮合的盲婚一般，好歹也得廝守終身了。因此，任憑我們彼此之間再有更懸殊的背景、更極端的性格，也得要尋求互相欣賞、接納、協調，和合作的方法。在這裏，上帝也對我們開始祂的拆毀與重建工程。一方面，由於要被逼與不同背景性格的人相處，從彼此差異的地方我們深切地發現自己的不足與缺陷，別人的長處弱點，在在都反照了我們的眞相，暴露了我們的盲點，撕開了我們平日因小心翼翼地與人保持安全距離，而保存得好端端的假面具。我們無法不面對自我，也無法不在上帝的幫助下尋求更新、突破、成長。二方面，教會除了是個別信徒的性格弱點的照妖鏡外，也是生命重整的最佳場所。這裏是必須高舉愛與接納的地方，是基督及祂的命令掌權的地方；無人有資格嘲弄別人的缺失，也沒有權柄可以恣意把不符合他心意的人趕逐出門牆之外。並且，教會也不應該追求效率與成就（這是爲甚麼筆者要對「追求卓越」的觀念窮追猛打，教會世俗化的其中一個元兇就是這個！），生命的重價投資是她永遠必須願意付出的。因此，我們每個人都可以放心地面對眞我，在不斷的挫敗、連番的跌倒下重新爬起來，深信別人會接納、別人會等待、別人會對不完美的我及我那不完美的表現表示欣賞（筆者並沒有唱高調。我還記得當有一位漁民出身、沒有受過甚麼教育，害羞膽怯得返了教會一年後仍是低垂着頭、半聲不哼的姊妹，在她信主四年後肯站出來講見證時，我們是如何激動歡欣，我們都看見了神蹟。如今她連崇拜主席也當上了，當然並不「卓越」，至少沒有我做得那樣好！）

愛的實踐

但是在第三方面（說了太多積極和正面的話，也該說些負面的來平衡一下），在實際的教會生活裏，無論我們如何努力去踐行愛上帝、愛人的大誡命，我們都會切身地體會到自己的不足和有限。聖經說：「不愛他所看見的弟兄，就不能愛沒有看見的上帝。」（約壹四19）但事實上，愛沒有看見的上帝，遠較愛看見的弟兄容易得多呢？甚至別說上帝，愛沒有看見的弟兄（十一億同胞、蘇聯受苦的肢體……）也比愛跟前那個看得見有血有肉的弟兄要容易。坦白地說，人並不是那樣可愛的，總有其隱藏的、醜惡的一面，要是把這些全抖出來，就算是他自己本人，也不見得有勇氣去照鏡子。所以，愛抽象的「人類」、「窮人」、「受壓逼者」是不困難的；要是我們再以某些革命情懷、人道主義理想或打抱不平的俠骨柔情來浪漫化一番，就可以投射出一羣善良、無辜，又無助的人來，好讓自己衝前去，給他們來個深情的擁抱。但當我們與特定的對象相接近、並且相處了一段日子以後，才赫然發覺「貧窮」並沒有把人性變得完美一些；人總是人，各樣貪婪自私鄙陋的罪惡仍盤據在他的生命中，甚至由於沒有用文化禮儀來予以美化文飾的緣故，而教罪惡更爲赤裸裸的突顯出來。基督徒在教會裏，常常會遭遇到比在外面世界更大的人際關係的傷害，因爲一來他們沒有設防、保護自己，很容易被人擊中要害；二來他們原來對弟兄姊妹寄予太高的期望，渴望這是一個如天堂般的和平快樂之地，希望愈大，失望自然也愈大。在教會裏學習彼此相愛，絕非如想像般輕而易學。

我們愈努力要愛人，愈發現自己沒有眞箇愛人的能力，實踐中經驗自身的無能，這是上一章尚未傳遞完全的信息。許多時爲了舒緩知道要愛人但又愛不了的張力，爲了彌縫理想與現實之間的鴻溝，我們便不得不用以下的技倆來應付：或是我們重新披戴一副屬靈的新面具，以聖經金句、屬靈術語來武裝自己，好與別人繼續保持安全距離；或是我們做一個職業的輔導者，以各樣的輔導技巧代替了對人的投入和委身（教會的長執和牧師最慣常用這個方法）；或是我們把教會的範圍縮小，只有志趣相投的幾位基督徒才是我的弟兄，其餘的不過是在同一場公共崇拜的出席者（像往戲院看電影，不知道隔鄰坐着的是誰）；又或是再消極一點，我們乾脆離開這個教人傷心的堂會，到別的地方去尋覓理想的堂會，因而開始了一個沒完沒了的尋覓。

但是，上述的負面現象並未敎我們棄械投降，或撇下現實的教會於不顧。我們仍然認定，教會是强逼學習愛人的一個最佳教室。在這裏，我們在毫無選擇的情況底下與「品流複雜」的人羣相處，比互相認識還要早的建立了密切的肢體關係，並且又知道這個從信仰而來的關係件隨着崇高的信仰要求：彼此深交、生死相繫，以至最極端的「我們也當爲弟兄捨命」。因此，我們擁有不能推卻的愛的對象（「所看見的弟兄」），不能推卻的要成爲「愛者」（lover）的責任（「要愛人如己」），也有足以量度我們是否達至愛的要求的客觀準繩。一切愛所需要的條件盡皆具備，所餘的僅是我們是否眞有愛的行動了。奧古斯丁曾以愛的三個要件來比喻上帝的三位一體，即愛者、被愛者及愛本身；我們已在教會裏找到前兩樣，惟獨欠缺需由我們努力付出的第三樣而已。

如前所說，愛人並不容易，愛弟兄也極容易裝假。是以彼得在教導信徒彼此相愛時，要特別強調「愛弟兄沒有虛假」及「從心裏……切實……」（彼前一22）；約翰亦指出我們的相愛，除了要在言語和行爲上外，也要在誠實上（約壹三18）。而保羅在他那篇偉大的愛的講論裏（林前十三），首先將愛與幫助人的善行分開（「我若將所有的賙濟窮人，又捨己身叫人焚燒，卻沒有愛……」），以澄清我們常有的誤解，然後才集中討論愛的心態與表現，一切都是與愛者如何付出有關，被愛者得着怎樣的客觀幫助倒成了次要的考慮。愛不等於專業輔導，不等於慈惠奉獻，也不等於社會服務，而是拆毀自我中心的小世界，坦蕩蕩地投入對方的世界裏，分享並分擔他們的苦樂禍福，與哀哭的人同哭，與喜樂的人同樂，全然的身心交付。這樣的把自己豁出去，是毫無先決條件的，甚至不計較自己的利益到一個地步，連可能被對方反噬、傷害、出賣也在所不惜。這樣的愛，絕非罪人的我們所能一蹴而就，卻需要一生永不言敗的勉力追求，在不斷累積的「不可能」經歷中堅持「可能」的目標，並爲此奮鬬。

教會是最有可能讓我們經驗到眞實的愛的地方。人雖然不濟，基督仍是教會的主，在這裏掌權，上帝的話仍在此立定；並且，每個信徒也都被上帝呼召和拯救，或多或少地開始了他們的生命重整工程。不過，且讓我們別將愛視作基督徒必然可以在教會內擁有的經驗，沒有甚麼是理所當然的。倘若我們經驗了，記着這全是上帝的恩典。

無論如何，教會是上帝的恩典，是祂賜福眷顧我們，與我們同在的最大證據。教會既然擁有「末世性」的雙重性質，一方面爲基督的新婦，另方面爲人間的組織，跨越了兩個截然不同的時空，則在她裏面生活的信徒，自然分享了這樣的兩重世界互相重疊的經驗；仍在世而居，卻學習不按世界的本子辦事。我們拒絕這個世界公認的辦事原則和價值標準，既不用人的學識、財富、家境、職業來堆砌人際間的圍牆，亦不以效率、成績、數量，或標準化的成功樣版來評估基督徒的表現（「忠心」是上帝唯一評估管家的標準），甚至不按人的智慧、理性、企業管理原則來經營運作教會的事工；只努力聆聽上帝的說話、尋求祂的心意，並努力把祂的理想予以兌現。教會雖寄存於世界之中，卻不受困於此時此刻，我們盼望把原來只能在新天新地才實現的理想來個預支上期，故祈禱說：「願人都尊祢的名爲聖。願祢的國降臨。願祢的旨意行在地上，如同行在天上。」

也許我們做得並不夠好，以致人事糾紛、意見衝突仍是教會普遍存在的現象（這些負面現象早在使徒時期便已存在，伴隨教會歷史而流傳至今，已差不多有近二千年了）。畢竟，仍不過是血肉之軀的我們怎樣也擺脫不了屬血氣的行爲，立志與行出來中間總有着七折八扣的差額。但是，卻不能抹煞我們正朝着基督的理想而努力，並且堅信她的未來會較今天爲佳。就好像教會歷史裏恆常出現各樣的錯謬與偏差，但上帝仍不斷興起屬祂的僕人，爲改革與復興教會而竭盡全力，付上一切的代價。上帝設立彩虹，爲的是要與人立約，保證不會再毀滅不完美的人類，重頭來過；基督也宣告了教會乃建造在磐石上，陰間的權勢不能勝過她；故此，沒有人可以奉上帝之名，宣告過去及現在的教會並不完美，已爲罪惡所勝、亦爲基督撇棄，主張重頭來過。基督信仰既然能藉教會完整而有力地傳遞至今天，我們便不應也不能對她失望。

現實信仰

以上的說法，並沒有過分地把現實的教會予以美化，剛好相反的是，它只隱含着我們必須把信仰現實化的要求。基督信仰要不是不食人間煙火的塞外之音，或建築在空中樓閣的烏托邦理想，就必須找尋一個可資立足的現實據點，好使理想能夠得到落實，目標亦能逐漸達到。正如上帝爲了向人間啓示祂自己、拯救人類脫離罪惡，就必須謙卑俯就的道成肉身，全然與人類認同（只保留了不犯罪的底線），好使我們能眞實地（當然是仍不完美的！）認識祂，明白祂的啓示和對人類的救法；今天教會也成了基督信仰與現實世界的接觸點，她雖並不完全，卻眞實地彰顯着上帝的臨在和祂對人類的關愛。教會成了福音唯一具體的見證，和基督在世的彰顯（「基督在世的代表」絕非僅是羅馬教皇的專利，每個信徒都具有這樣的資格）。「你們顯在這世代中，好像明光照耀，將生命的道表明出來。」（腓二15～16）

我們都不是怎麼完全的人，卻蒙了基督的憐憫和救贖（基督呼召我們本身就是祂的妥協、祂純粹的恩典），並且被祂安置在一個同樣是極不完全的信徒羣體中，學習在不完全的環境下經歷上帝完全的愛（祂收納這羣不無瑕疵的兒女，作祂的「聖潔沒有瑕疵」的新婦，又是另一個大讓步）。我們走在一起，彼此督責，互相勉勵，藉着信仰和生活上的交往（團契、用飯、聯誼活動等）來加深認識；認定對方爲自己唯一具體可見的鄰舍——愛的對象，尋求在每日的生活小節，以至突發性的人生危機裏伸出關愛的援手。我們不錯都看見對方的弱點，知道對方並不那麼可愛，但基督既然早已指出那些弱點不過是木屑小刺，便只好收斂輕慢竊笑的態度，恭謹而仔細地尋找自己的梁木，並且爲對方仍能接納有梁木的我們而感恩，知道這也是他們的恩典與妥協。每個星期的主日，我們都一塊兒聚集向上帝敬拜，尋求上帝的幫助與更新；在一起向上帝祈禱歌頌時，我們把教會由一個普通的社會組織提升至屬靈的團契；在一起聆聽上帝道理的宣講時，我們共同再度調校自己行事爲人的方向。然後，我們又集體被上帝賜福，差遣出去，成爲俗世的聖徒，一方面在所處的環境裏（家庭、學校、辦公室……）作基督活的見證；另方面也個別地及集體地踐行基督交託的福音使命。我們不錯都是耶穌基督的僕人，但同時也是被服侍的對象，故此向外拓展、增加得救的人數並非是我們所有的關懷；每個教會內的弟兄姊妹的成長、成聖，以及恩賜的發掘與發揮，也同樣是至關要緊的關懷（教會必須同時是「關顧羣體」及「使命羣體」，不能單作其中一樣）。以上所說的，便是教會生活。

信仰不能與現實割離，否則就變得不眞實、輭弱乏力了。從個人的角度看，要是我們不首先認定基督崇高的信仰要求，必要兌現在我們這些千瘡百孔的人身上，又把這個信仰要求具體化地細分爲改變某種性格、去掉某種惡習的生活指令，則信仰對我們而言，便只是飄逸出塵的玄想，一點也不能夢境成眞，最後，只供我們景仰欽羨而已。惟有我們開始了爲着那個「不可能的可能」的兌現而努力後，儘管我們仍無法達至理想的境地，但至少在整個過程中，我們的信仰變得可以笑、可以哭，爲小成歡愉感恩，爲大謬痛悔認罪，一切都是轟轟烈烈的，信仰不再平淡（只有那些對自己不再有要求，對信仰也不再有妄想的人，才會覺得信仰沈悶，千篇一律）。同樣地，從教會的角度看，惟有我們認定基督崇高的信仰要求，也要兌現在這羣差强人意的信徒中，並且要具體化地成爲接納某人對我的冒犯不敬，或是關懷一個最小的小子的需要，力圖使現實的教會提升至與聖經的描述相脗合（同樣是「不可能的可能」）時，我們便發現，教會生活也是波瀾壯闊，汹湧澎湃的，可以笑、可以哭，我們有足夠的成功個案（個別信徒的成長、使命的實踐）去雀躍感恩，也有太多失敗的例子（意見不合、關係破碎）供我們俯伏認罪。教會生活絕不沈悶（只有那些不再對教會有期望、不再對弟兄有期望的人，才會覺得教會沈悶）。

教會是上帝的恩典。信仰本來就是惟獨恩典的。

第六章

盼望——信仰的終極目標

在這本小書的最後一章裏，我們嘗試討論基督徒的盼望。以信開始，以望結束。

盼望的重要性

盼望是人生不可或缺的要素。康德 (Immanuel Kant) 在他的《純理性批判》(*Critique of Pure Reason*) 一書裏指出，人關注的有三個終極的問題，分別隸屬於不同的理性範疇，由不同的知識予以處理：

1. 我能知道甚麼：這屬於純粹理性 (Pure Reason) 的範疇，是知識論及一切自然科學所要處理的問題。

2. 我該作甚麼：這屬於實踐理性 (Practical Reason) 的範疇，是倫理學所關注的中心課題；康德也在這範疇裏爲宗教尋找到存在的位置。

3. 我有甚麼盼望：這是美學及情感所要作出判斷的對象，既不屬於知識，也非有關倫理的範疇。

「我有甚麼盼望」，這個問題與知識論（純粹理性）無關，卻是情感所要處理的範疇，康德這個判斷實在極具見地。一個古老的例子：兩個人一起望着擺在面前的半杯水，樂觀的人會欣喜的說：「眞好，還剩下半杯呢！」悲觀的人卻憂慼地說：「唉，只剩下半杯了。」他們的情感反應雖有霄壤之別，但所建基的資料卻完全一樣。換言之，他們的知識並沒有左右能力，決定他們的情感反應。當然這個例子與盼望無關，但與之相仿的另一個事例，卻可以充分說明盼望既屬於情感反應，與知識論沒有直接的因果關係：香港人如今面對着九七問題，有人持樂觀的態度，相信港人治港、一國兩制的美麗應許必然會落實應驗；有人卻持悲觀絕望的態度，既不相信中共，也不信任港英政府，認定港人已被出賣，東方之珠不復閃亮。這兩種人雖然有不同對未來的想法，但建基的「已知」的資料卻並無兩樣。當然他們都會選擇性地採納有利於他們所持態度的資料，好使他們的結論合理化（悲觀的人指出：中共過去法治紀錄甚差，故基本法只是一紙空言；樂觀的人認爲：中共過去遵守國際條約的紀錄極佳，故基本法必可執行），但總不會對另一方的資料完全無知。所以，知識對我們的盼望並無決定性的指導作用。

康德認爲，盼望雖與知識無直接關係，卻與信心是分不開的。我們對未來是否存有盼望，端在於我們對未來的模樣持怎樣的信念。有信心就有盼望，反之亦然。所以，若是我們對香港的前途懷抱信心（不管這信心是盲目的，抑或是由理性分析得來的），相信安定繁榮仍可保持不變，民主自由不會失去，則必然有積極而樂觀的盼望，願意爲香港和自己的未來繼續奮鬬。相反地，倘若我們對未來的結論是窮途末路、漆黑一片的話，要勉強自己留下來參與建設也是徒然。所以，信與望是一而二、二而一的，信心是盼望的基礎。

其實我們毋須說得太過哲理化，單就日常生活的經驗，也可以輕易明白盼望於人的重要性。人生本來是不會有太多變化的，起碼若我們的眼光並不放得太遠，便會感受到生活的停滯不前，循環往復。就以念書爲例，一個小學生要在學校裏獃上二千一百九十天，才能轉換一下環境到中學念書，但一經轉換之後，未來七年（連預科二年）大抵便又要在那裏度過。而在出社會做事以後，除非我們飛黃騰達、扶搖直上，又或者好高鶩遠、不停變換工作，否則變化就更少；不少小老百姓，就在某份固定的職業、固定的崗位上消磨了一生呢！升職嗎？不過是遙不可及的應許吧了。每一天，我們都起牀、疊被、梳洗、更衣、用早點，然後擠公共汽車上班，期待着做回那些無數個昨天都在重複的工作……；假期也許是常規生活的最大變數，但我們在千呼萬喚才姍姍來遲的假期該做甚麼才好呢？上茶樓、逛公司、看電影、搓麻將，甚至蒙頭大睡，還不也是千篇一律嗎？生活裏恆常出現的變數也變作常數，就好像我們不會對母親所弄的早點有甚麼期望一樣，她所謂的變化也不過是重複了上百次的幾度板斧，實在是黔驢技窮了。但是，生活眞的是完全沒有變化，就像月圓月缺、花開花謝、春去秋來等大自然現象的周而復始，循環繞圈嗎？若眞是這樣，生活的意義何在？

連我家那位從未曾受過教育的老母親也可以回答說，生活的意義並不在於每天重複又重複的活動和發生的事件之上，卻在於這些屬於常數的活動與事件所催生出來的變化，及我們對變化的期待。譬如說，在我成長的六十年代，家中添置了不少電器用品：電飯煲、電風扇、電冰箱、電視機……，此後，添置電器便成了生活質素改善的指標，每個家庭成員都爲此拚命工作，努力把理想早日兌現。當然，九十年代對物質的追求與六十年代並不一樣，上述的清單可能要完全改寫；但是，卻仍有極多的盼望是完全一致的：父母盼望子女成材，學生盼望考進大學，熱戀中的男女盼望建立自己的家庭，年輕夫婦盼望自置居所……。這些盼望，不管其內容爲何，就足以構成這重複不變的生活裏的最大變數，也成了教我們甘於接納目前的平淡日子的最大動力。

沒有盼望、沒有未來的人生是極其可怕的。曾赴幾所監獄（香港稱作懲教所）做佈道及牧養工作，接觸到好些囚犯，有些仍能繼續保持書信往來。有一位才二十五歲的年輕犯人，因謀殺了他的情敵而被判終身監禁，根據慣例，他最少要坐牢二十多年才有望假釋外出；換言之，他要在監牢裏耗上大半生，並且是最寶貴的青年與壯年時期。他在監獄裏相信了基督，行爲有了很大的改變，追求的心也很火熱；但有一天，大概是碰上情緒低落的時候吧，他突然問我努力做好是爲了甚麼，他還可以有甚麼用；我當下呆了一陣，雖然很快便回復常態，爲他提供了一個令雙方盡皆感到舒服而又滿意的答案，也激勵了他的鬬志。但委實地說，這個問題並不容易回答，我回答時也不見得有很大的勇氣。

人對未來總會有或大或小的憧憬與期望，

年輕時造的夢較爲美滿，也虛無飄渺，年長了便志氣短淺些，亦具體和物質化些。但無論如何，對未來的盼望都影響着我們今天的生活，爲今天的生活賦予意義。也許今天我們活得並不那麼如意，面對着許多困難和痛苦，但只要我們存有盼望，知道將來會有轉變，困難痛苦的日子始終會成爲過去，苦盡甘來；甚或進一步認定這些困難痛苦是爲將來的幸福作必要的鋪路（「天將降大任於斯人也……」）；則對將來幸福日子的期待就爲今天的痛苦賦予了意義，使痛苦變得合理、變得不那麼難挨。例如，每個曾參與中學會考的人，都會深切了解預備公開考試的辛酸：懸頭刺股、焚膏繼晷，夜以繼日的狂啃苦讀，倒數日子時的惶恐不安，就是回想起來也不寒而慄。但是，爲甚麼成千上萬的學子卻任勞任怨，前仆後繼地奔赴試場？答案當然不是爲了享受考試，而是爲了會考成功後的美麗應許，包括大學學位、職業上的坦途，及光明的將來。因着對未來幸福的迫切期待，今天之把自己困鎖在書房和試場之內，就是旣必要又合理的，再痛苦也是甘之如飴了。和預備會考相類似的例子還多着呢：爲了事業上的輝煌成就，在社會出人頭地，多少人每天工作十多小時，挨至精疲力竭還是至死不休；爲了下一代的美好將來，多少人勇敢地推倒自己在這裏艱苦建立的事業和前途，前赴陌生的他邦重頭來過。總之，只要對將來仍有盼望，深信苦難的日子終會熬出頭來，今天在困苦中的忍耐和謹守就變得不太困難了；只要盼望能爲眼前的困苦賦予意義，使困苦不再是荒謬無端的，人就能嚥下去，大無畏的迎上前。

盼望與信仰

對基督徒而言，盼望之於我們的信仰，也有着相同的不可或缺的關鍵作用。正如我在前面所說，信並非對已知的表示贊許，而是對未知的予以委身；「未知」（或暫不可知）在我們的信仰裏佔着極大的比例。這些「未知」，並不是在本質上不可知（例如子虛烏有的東西，本來就不存在，自然也不會爲人究知了），而是我們的理性能力無法眞箇消化明白，讓它們水落石出。正如保羅在林前十三12所說：「我們如今彷彿對着鏡子觀看，模糊不淸，到那時，就要面對面了。我如今所知道的有限，到那時就全知道，如同主知道我一樣。」因此，我們的信仰中有極大部分是未曾兌現，要等待將來才能眞相大白的；對此部分，我們唯一可有的態度便是樂觀的盼望，盼望可以面對面、盼望可以全知道。基督信仰的本質就是：對已知的我們泰半不能了解，只能以信心來領受；對大部分既不知也談不上了解的，便要用盼望來守住了。

盼望對我們的信仰極爲重要。 Emil L. Fackenheim 在研究猶太人的宗教經驗時，便發現在他們歷來遭遇的衆多痛苦裏，唯一支持他們奮鬬下去的，便是對彌賽亞的盼望。上帝曾對他們的祖先應許會賜下彌賽亞，拯救整個民族脫離苦境，這是他們的盼望和出路。他們必須謹守信仰，在艱難險惡的環境中堅持着，不妥協，不屈服，更不可灰心喪志，失去盼望。他們必要常存盼望，因爲上帝命令他們對未來存有盼望。

許多聖經學者都指出，猶太人與基督徒的信仰與生活，其實是相當未來取向 (future-oriented) 的。他們關懷的主要不是現在，更不是過去，而是未來；並且因對未來抱有熱切的期望，而輕看了現在的苦樂禍福。正如舊約的以色列民，當遭遇歷史裏的某個艱難時刻、信心考驗臨頭之際，都會檢拾、重述他們的歷史，細數耶和華在他們民族中間所曾成就過的大事，出埃及、進迦南時如此（申命記遍布這樣的述史），歸回重建聖殿時也莫不然（尼九5～31）。對他們而言，檢拾過去絕不是爲了歷史的興趣（這與中國人的脾性大不相同），他們沒有把歷史變成固定的過去紀錄，好作靜態的研究；卻純粹是未來取向的，爲的是要建立他們如今的身分，校正他們生活的方向，增添面對將來的勇氣。他們肯定上帝創造天地，目的在使他們確認自己活在上帝所創造的世界中；上帝是全能至高的，比他們的敵人所拜的偶像更能保護他們，正如出埃及記十五章的「大海之歌」便說：「耶和華啊，衆神之中，誰能像祢？誰能像祢至聖至榮、可頌可畏，施行奇事。」（11節）這是全首詩前半段的一個總結性頌讚。所以，上帝既然是得勝的主，上帝又保護他們，他們必然至終得勝。同樣地，他們肯定上帝在歷史中帶領他們祖先的每一步，目的是要說明，今天他們的不幸境地純然是因着他們離棄上帝、自招回來的結果，而非上帝不願，或無能拯救他們。因此他們要轉回，除去罪惡，遵行上帝的誡命，好使上帝的恩福臨到，扭轉他們不幸的歷史命運；如同尼十32～38所載，以色列民在數算完歷史裏上帝的作爲，及他們自己的罪孽後，便立約簽名，表示願意遵行上帝的律法，希望上帝搭救他們，使能從如今爲奴之民的身分釋放出來。整個以色列民的信仰都是未來取向的。

如同舊約以色列民期待着彌賽亞的降臨，新約的基督徒也因着認定了耶穌基督是拯救主，而盼望着祂的再來，及伴隨着祂的再來而引致的一連串事件：世界成爲過去、死人復活、新天新地出現、得贖的永遠與主同在……。他們的信仰同樣是未來取向的，盼望就是他們生活的眞實寫照（如羅五1～2所寫，基督徒的過去是稱義，現在是恩典，將來則是對上帝榮耀的盼望）。並且，因着基督徒對未來的强烈盼望，就輕忽了眼前所受的種種艱難苦楚，視爲「不足介意」；輕忽了現世所有的萬事，看作糞土。從這個角度看，基督徒雖然存活於此時此地，卻不是屬於此世的，他們對未來的盼望，使他們提早活在未來之中。保羅以下的一番話，多麼像超現實的精神病患者的夢囈呢：「所以我們時常坦然無懼，並且曉得我們住在身內，便與主相離。因我們行事爲人，是憑着信心，不是憑着眼見。我們坦然無懼，是更願意離開身體與主同住。」（林後五6～8）新約的信仰也是未來取向的。

有些神學家甚至認爲，神學的始祖就是啓示作品（Apocalypticism is the mother of all theology;〔Ernest Käsemann 首先作此主張〕）。這句話的意思是說，當我們在對未來作各樣的推想和憧憬時，其實也同時因應地爲過去和現在做信仰上的詮釋。對未來的盼望影響着現在的景況，相信不用多作解釋：我們有怎樣的期望，就有怎樣的努力，今天的投資，連繫着將來的收成。但是，未來的盼望也同時影響着我們對過去的詮釋。舉例說，我在二十歲那年皈依基督，並因此改變了生命的方向和奮鬬的目標；但在我能夠校正未來的生活座標以前，我必須要以信仰的角度來重新詮釋過去二十年的歷史。我不能相信過去的日子是完全沒有信仰意義的，我不能相信上帝遺棄了我，使我困苦無告地流蕩了二十年；卻必要認定上帝早在我還在母腹之中便揀選了我，在我還未認識祂以先，已爲我安排了一切，並帶引我走進如今的境地。倘若我不曾爲過去及現在總結出「全是恩典」的結論，則憑甚麼要我相信未來不可知的日子會有上帝的施恩？過去經詮釋的經驗若不能支持我對未來的盼望，成爲具說服力的證據，那我的盼望豈不是完全無根？因此，我們的未來，決定了我們的過去和現在；是盼望促使我們對過去作詮釋，爲歷史尋找信仰意義。這便是神學。神學並不是純粹的理性考察，卻是要爲信徒指示信仰的出路，和生活的方向；所以，那指陳未來的藍圖的啓示作品，自然就是一切信仰探討、神學研究的基本動力了。

當然談到盼望，不能不提一位以撰寫希望神學而著名的當代德國神學家莫特曼 (Jürgen Moltmann, 1926～) 及他的觀點。他强調，我們整個信仰都是未來取向的，神學必須建立在末世論之上；而末世論就是有關基督徒的盼望的教義，講論的中心是耶穌基督及祂的復活，並宣認祂的再來和作王。莫特曼更指出，神學——我們的信仰內容，所建基的絕不是過去的知識和經驗，而是將來的盼望和應許。這即是我曾說過的，我們的信仰內容主要不是我們已經驗過，或可以由理性驗證出來的；反倒是我們只能以宣認的方式來接受（「我信……」），然後盼望將來這些宣認能一一兌現。「我們得救是在乎盼望；只是所見的盼望不是盼望。誰還盼望他所見的呢？但我們若盼望那所不見的，就必忍耐等候。」（羅八24～25）

沒有盼望的信仰

莫特曼批評今天西方承襲下來的信仰過分的靜態、系統化及自滿自足，形成沒盼望的信仰、沒將來的上帝 (faith without hope, God without future)。這的確是我們的眞實寫照。特別是作爲福音派的信徒，我們恆常以爲一切均在掌握之中，整個信仰、整本聖經都是有條不紊的，可被納入我們預置的理性框框裏；所有信仰的內容都是清晰的、合邏輯的、系統化的；甚至連聖經的預言和奧祕亦不例外，可以代入一條簡單的公式而予以「解碼」，還原爲具有明確意義的陳述句子（從這個角度看，上帝眞的是太無聊，爲甚麼不直接啓示這些陳述句子，而要用象徵性的預言說出來，好勞駕這些預言專家去解碼）。那些甚麼《國際密碼666》、《哈米吉多頓大戰》之類的書籍，就是在扮演預言解碼的角色。他們蠻有信心地告訴我們甚麼是獸、甚麼是大淫婦，何時傾覆世界……，一切都彷彿瞭如指掌，像念歷史書一樣。他們的信仰，是沒有奧祕的信仰。

（筆者在此要嚴正指出，這些書籍並沒有眞箇地解釋聖經，讓聖經告訴我們她要說甚麼；卻只是任意地把作者自己的世界觀、價值觀套進去，强姦聖經的原意，好用聖經、上帝的名義來講述自己的東西。舉例說，即使我們不同意普世教會運動的神學和作爲，但是憑甚麼我們可以說普世教會就等於超級教會，亦即啓示錄十七章所說的大淫婦？憑甚麼我們可以把但以理書十一章44節的「但從東方和北方必有消息擾亂他」與啓示錄九章16節的「馬軍有二萬萬」兩句風馬牛不相及的句子聯繫起來，並指出這就是中共？但以理書十一章44節裏的來自東方的擾亂是甚麼意思？啓示錄九章16節的馬軍有那處是提到來自東方的？即使眞有來自東方的二萬萬馬軍，爲甚麼這一定是指中共，而不是中國東邊的美國？——唯一的原因，是作者爲美國人！這樣子的預言解碼，完全違反了一切的釋經原則〔包括了對預言此文體的考慮在內〕；甚至它已超出了「靈意解經」的錯謬範圍，卻是進一步地使聖經變成隨心所欲的「尚方寶劍」，可以用來謀殺任何作者所不喜歡的人和事。願上帝詛咒一切謬解祂話語的人！）

問題仍是：信仰果眞能被完全還原爲「已知」的知識嗎？人眞能窮究上帝的眞相、宇宙歷史的進程，使奧祕不復成爲奧祕嗎？上帝之使用象徵性的文體來傳遞祂的眞理，特別是有關末世的描述，到底是祂有心留難我們，僅讓那極少數有特別智慧聰明的人能在聖經以外找到「聖經」（解碼公式），以開解聖經啓示文體的密碼（這想法與二世紀的諾斯底主義〔Gnosticism〕這異端的主張並無兩樣）；還是祂根本就不欲我們對未來有全盤通透的了解，並且認爲這對我們是有害無益的？要是上帝不要我們巨細無遺地透悉一切，準確地掌握末世的每一樁事件，卻僅是用象徵性的字句來勾劃出未來的輪廓，好使我們一方面有所警剔，知道如今已是末時，另方面卻又不致因洞燭天機而失去作爲人的奮鬬勇氣；那麼，爲甚麼我們還偏要去强求了解所有東西？

人要把信仰的超自然性和奧祕除去，把一

切未知的還原爲已知的，把啓示文體解碼成另一種形式的史敍體。其中一個最典型的例子是，雖然耶穌在世時承認，連祂自己也不知道世界末日將會在何時發生，只有天上的父才知道；但教會歷史裏卻接二連三有人狂妄地宣稱他們比耶穌更有智慧，可以用某種公式來計算出末日的日期。這種做法，在過去曾製造了不少悲劇和笑話，但筆者深信，將來還是會有更多人前仆後繼地作出這樣的嘗試的。

當然我們明白，人總是渴望知道未來的結局，和人類至終的命運。這不僅是爲了滿足知性上的好奇心（正如看小說或電視連續劇也迫切要知道大結局一樣），也是基於人心理上的需要。不能準確預測的未來，會爲人帶來强烈焦慮和不安的感覺。香港人對九七後的社會前途，不是也有相同的感受嗎？如此，末世講座永遠是有廣大的市場的，每當有任何國際政局的變化時，這樣的講座便大量地應運而生，滿足信徒的需要。

人最大的痲煩是不願意接納自己僅是人，有知識和能力上的限制；他要努力超越自己，要成爲超人，甚至是上帝。這也是罪的根源，亞當正是因着這個妄念，而使自己及整個人類陷墮罪中。千百年來，無數人都緊隨亞當的腳蹤，重蹈把自己神聖化的覆轍。就是基督徒也不例外，不是有很多人聲稱「屬靈人能參透萬事」，故他們掌握了解釋天地間一切事物的鑰匙嗎？我們不願意承認自己的無知，更不肯接納耶穌所說「但你們現在擔當不了」一語及其語重深長的含義。爲甚麼上帝能而偏偏我們不能？上帝既已將聖經啓示給我們，爲甚麼祂啓示的不是一本百科全書、宇宙通鑑？他們既認定自己能參透天地的奧祕，而聖經又是無所不包的百科全書，便拚命聯想、拚命解碼。

要是我們以爲對社會所有的未來動向已瞭如指掌，像上帝般知道宇宙萬事，並且已掌握人類歷史的總規律（譬如說，數數二十世紀發生的天災和戰亂的頻密度，看看是否較過去爲高），那麼，這樣子的信念所塑造出來的信仰，就必然是沒有未來的上帝 (God without future) 了。因爲我們已洞悉了上帝活動的規律和軌迹，祂在未來也僅能按着如今據我們所知的藍圖行事，沒有意外，沒有驚訝；未來也者，不過是等待實現的現在而已。如此，上帝不再是大能者、行奇事的上帝；沒有奧祕、沒有神蹟，祂的未來，變成了我們的已知。我們把原來相信宇宙間有一位統管者的上帝觀，偷換爲十七世紀西方的自然神論，或者是東方傳統的機械宇宙論（非人格化的「天理」和「運會」，人可預先探知天機，並作出因應的行動）。這樣的信仰，也不可能有眞正的盼望(faith without hope)。既然一切已爲我們所知，就根本沒有甚麼是要我們祈盼和渴想的了，我們豈會爲每月印在銀行存摺上的薪金數額而驚喜？數額在未印上以前，早已爲我們知悉了。已知結局的故事不再有趣味，已有結果的事情難以叫人委身；要是未來所有的事早被知曉，命運業經決定一切，那我們爲甚麼還要盼望、還要奮鬪下去？唯一可有的態度便是置身事外，不作任何徒勞無功的努力；並且冷眼旁觀，靜待事態朝命定的方向發展（哦，又發生地震，死了五十萬人嗎？看，果如經上所記，末世必有這樣的事出現……）。沒有憤怒，也無悲苦；既不會與上帝揮拳相向，說：「看耶和華對我說甚麼話，我可用甚麼話向祂訴冤。」（哈二1）更遑論爲人類的悲慘命運與上帝討價還價了（創十八20～33）。不流淚的耶利米，只會冷酷地做神義論 (Theodicy)，說一切苦難均與上帝無關，上帝仍是既公義又慈愛的。

沒有將來的上帝只是人間的偶像、機械的「運會」，沒有盼望的信仰只是概念的遊戲，或叫人接納現狀不圖改變的宿命論（馬克思所說的「人民的鴉片」）。我們的信仰既有很大部分是如今的未知，卻又要求我們在未知之時便委身進去，因此，盼望是至關要緊的。

復活的盼望

我們的盼望在甚麼地方？不是新天新地的詳細藍圖，不是上了天堂以後無限快樂和永遠快樂，卻是在於那位曾經進入死亡而又復活了的主最終使我們也復活過來，並且得與祂（我們所至愛的）永遠在一起。保羅在林前十五17說：「基督若沒有復活，你們的信便是徒然。」又說：「我們若靠基督，只在今生有指望，就算比衆人更可憐。」（19節）基督徒的盼望，是復活的盼望。

聖經給我們看到的事實是：基督復活了。祂的復活不僅顯示了祂自己克勝死亡的能力，祂更是代表着一個人類的新族類來克勝死亡。因祂的復活，與祂相繫的整個族類都可以由此而復活；保羅說基督「成了睡了之人初熟的果子」，一切屬基督的人，都可以靠着基督復活過來。基督的復活，是靈魂身體整個的復活（記得祂曾經在復活後在門徒面前吃魚〔路二十四41～43〕，和讓多馬探手進祂的傷痕嗎？〔約二十27〕）；所以，基督徒將來的復活，也不會僅是靈魂復活，亦包括了身體的復活（ bodily resurrection ，這是信經的內容。雖然我們不大清楚保羅說靈性的身體是甚麼意思）。聖經從來沒有任何靈魂不滅的理論，人的靈魂並非本質上是不朽的；只有上帝才是自有永有、才是不朽。基督是不朽的。惟有因着祂的道成肉身、受死和復活，我們與祂聯合，便在祂的恩典下得着復活和不朽的生命；至於不信的人，也因着不信祂的緣故而被詛咒，遭受永遠的刑罰。

說到復活的盼望，在全書尾聲之時，也許我們再把前幾章主要的觀點結合來討論。可以看到，基督復活的事實是永遠不會有客觀的證明的，唯一的證明就是基督復活的事實對門徒所造成的影響，和對教會發展造成的影響。所以保羅論證復活的眞實性時，列舉的便是一大堆門徒的親身經驗：他們都見過復活的主。教會是復活的主的見證，她既用口傳筆述的方法來見證主的復活，又以她自己的存在來作爲一個具體的見證。對我們而言，我們除了接受教會的見證外，也是直接與復活的主相遇，叫我們無法不在祂跟前降服屈膝，並且信誓旦旦地在別人面前作此見證。其他所有的理性證據：甚麼空墳墓、屍體不可能無故失蹤……等等，統統不是確鑿的證據。墳墓空了就等於屍體復活了嗎？果眞不可能有人把屍體偷去了嗎？有趣的是，我們今天這羣護教專家說不可能想像的事，當時十一個門徒卻認爲大有可能。聖經記載他們都不相信基督復活了，卻認定屍體是給祭司長等人盜走了，便非常懼怕，躲在一個小房間裏不敢外出，恐怕遭逢毒手（敵人既連一具屍體也不放過，又怎麼會放過他們？）。復活不是可以客觀地證明的事，理性所能做到的，充其量是說明復活也是一個可能性的解釋；然而，復活卻是初期教會、信徒的親身經歷和見證。

這樣的說法是否如一些新派神學家般，把復活縮減成他們所稱的「復活事件」(Easter event)，就是說耶穌的復活是否客觀的歷史事實並不重要，關鍵的只在於信徒主觀地相信祂已復活；換言之，復活毋須是客觀的歷史事件，可以僅是主觀的虛構幻想？不！聖經的見證是，復活確實是客觀地發生了，這是不折不扣的歷史事實。問題只是，對這樣超自然、也超乎一般史學家所能處理的史實，不同的人的確可以有不同的詮釋，例如自然主義者便會用集體幻象或心理作用來做爲信徒見證的解釋。事實上，要是他們懷着沒有神蹟的成見，則儘管他們眞的見着神蹟，也可以拒絕此經驗而用某些理論來解釋過去。正如 Michael Polanyi 所說，知識不是置身事外的客觀觀察的成果，而在作觀察以先，我們一定要先知道所選擇去觀察的是甚麼，並且一定要投身在某個知識系統之內，才能有所發現。信仰知識亦然。這是爲甚麼當猶大問耶穌「主啊，爲甚麼要向我們顯現、不向世人顯現呢？」時，耶穌的回答是：「人若愛我，就必遵守我的道；我父也必愛他，並且我們要到他那裏去，與他同住。」（約十四22～23）似乎是答非所問，但耶穌在此其實是指陳一個重要的道理：只有那些愛祂、遵守祂的道的人，才明白祂的奧祕，才能見到祂向他們的顯現。基督的復活，無疑是歷史事實；但只有信祂的人，才能心悅誠服地經歷、並見證此事實的眞實性。

好了，當我們見到復活的主，並與祂作生命的聯合以後，我們就深信必然能與祂一同復活。並且，這個復活的生命不單是遙不可及的將來才發生的事，由於今天活着的已不再是我們，乃是復活的基督在我們裏面活着，所以我們事實上已經驗到祂復活的大能。聖經說，我們是一羣「覺悟來世權能的人」（來六5；「覺悟」這個字的原文不是理性的認識，而是嘗試）；換言之，我們已在今天的生活裏，預先嘗過復活生命的滋味。基督是上帝一切的豐盛，我們既然住在祂裏面，這些豐盛也便已充滿了我們（西二9～10）。

復活不僅是將來的事，也是現在的事；末世並非將來的事，也是現在的事。甚麼是基督徒的盼望？那不是叫我們束手待斃地忍受今天的苦難，等待五萬年後有福可享。假若是這樣的話，則費爾巴哈 (Feuerbach) 及馬克思所說基督教是人民的鴉片、叫人只顧來生、不顧現世的指控，便全是事實了。不幸地，今天教會許多人傳講的正是這樣的盼望、正是這樣的末世觀：九七不重要、民主自由不重要、基本法也終必歸於無有，我們不應關注地上的事，只應關心永恆的、上帝國度的事（感謝主，這羣說不應關心現世的人，絕大部分都在這十年間，因關心現世的緣故而移民外地了）。

聖經所講的盼望絕非如此。正如以色列人對過去的盤點，對未來的盼望，爲的是帶給今天生存的勇氣，奮鬬下去的決心；基督徒的盼望，特別是對復活的主叫我們也必與祂一同復活的盼望，也要爲我們提供勇氣與信心，叫我們不怕任何殺身體者的威嚇，不受世俗或魔鬼的引誘，擇善固執，堅持理想；並且願意爲着促成未來的應許能夠早日實現的緣故，我們甘願撇下自己的權利與好處。一個末世的基督徒，持守着末世的盼望，也活出一個末世的生活模式。

耶穌的應許：「……我父的意思，是叫一切見子而信的人得永生。並且在末日我要叫他復活。」（約六40）

梁家麟作者簡介

梁家麟，香港出生，成長。八〇年代畢業於香港中文大學歷史系，分別獲文學士、哲學碩士，及哲學博士學位。後赴加拿大維真神學院攻讀神學，獲基督教研究文憑及道學碩士學位。畢業後曾任《突破雜誌》執行編輯，現任香港建道神學院院長。

其著作有《憑誰意行？》、《另一種信仰？》、《無言上帝的僕人》、《凡人的祈禱》、《憤怒的一代》、《信仰答客問》(與許立中、吳思源合著)、《信主之後》、《吳耀宗三論》、《走過從前》、《華人宣道會百年史》、《改革開放以來的中國農村教會》、《建道神學院百年史》、《華人傳道與奮興佈道家》、《神學研究指南》、《福音與麵包》、《我與誰親咀》、《與你何干？》、《少數派與少數主義》、《五十年代三自運動的研究》、《基督教會史略》、《他們是為了信仰》、《化裝的基督》、《信訂一生》、《追求成長》、《信仰不是講感覺》、《人間信仰》、《倪柝聲的榮辱升黜》等。

信念再思叢書 慎思明辨．探求真相

梁家麟書系

另一種信仰？

梁家麟 著／HK$68

信仰本來便是一場冒險和掙扎，沒有任何必然性可以成為我們穩妥的把握。面對「危險」的信仰，讓我們看見自己的虛偽和驕傲。

憑誰意行？

梁家麟 著／HK$53

神真願當木偶師？祂造人的心意只是希望多一大堆木偶來把玩扯弄？人必須正視和反思自己的責任和角色。

無言上帝的僕人

梁家麟 著／HK$53

我們似乎揣摩不到上帝的作為，面對沉默不語上帝，我們仍需承擔歷史責任、尋索上帝在生命裏的個別作為，面對挑戰。

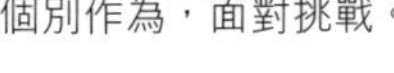

凡人的祈禱

梁家麟 著／HK$53

基督徒是否真能藉祈禱與上帝契合？怎樣的祈禱才是有效而合法的呢？作者站穩在改革宗的立場分享「凡人」見解。

讀者意見表

緊扣時代 服事教會

以文字傳揚基督真道

衷心多謝你購買本社書籍。本社一直致力以出版事工服事教會，幫助信徒扎根於神的話語，促進靈命增長。為使我們的出版更能滿足你的需要，請填寫下列各項資料，並寄回或傳真予本社。

所購書籍：______

本書最吸引你的地方：
□作者 □適切性 □文筆 □設計 □實用性
□其他：______

購買本書地點：
□基道書樓 □基督教書店 □非基督教書店

性別：□男 □女 職業：______

信仰：□基督徒 □非基督徒

年齡：□ 16 歲或以下 □ 17～25 歲 □ 26～35 歲
□ 36～55 歲 □ 56 歲或以上

學歷：□中三或以下 □中五 □預科
□大學 □研究院

□我欲更多了解基道出版社的事工及考慮支持，請寄給我下列資料：
□機構簡介 □新書資料 □基道會員通訊
□《基道文字事工通訊》

姓名：______ 電話：______

地址：______

傳真：______ 電子郵件：______

其他意見：______

多謝賜教！

意見表可以傳真（2687-0281）或直接郵寄以下地址：
香港沙田火炭坳背灣街26號富騰工業中心1011室
基道出版社編輯部收